소원성취하며
즐겁고 부(富)하게 사는 비결

소원성취하며

마음껏 비상하라

"소망을 버린 자여 이곳에 들어오라!"

이 글은 세계적 시인 단테(Alighieri Dante, 1265~1321)의 〈신곡, 神曲〉에 나오는 '지옥 문패'에 쓰인 것입니다. 지옥은 소망, 곧 소원이 없는 곳입니다. 이 세상에 살 때 정말 이루길 바라는 영혼의 소원이 없다면 그 삶은 지옥과 같을 것입니다.

사람은 소원을 갖고 힘차고 즐겁게 살아야 합니다.

소원이 있어야 움직이게 되고 움직여야 성취하는 맛과 살맛과 즐거움을 누리기 때문입니다. 내 영혼의 큰 소원은 은혜의 복음 책 100권 써내기와 책 쓰기 코칭하기와 임대 사업하기입니다.

하나님은 내게 평생 현역으로 일할 수 있는 복된 1인 기업가로 세워 주셨는데 나는 이 소원을 받은 즐거움과 소원성취해 주신 나의 하나님으로 인해 너무너무 즐거워하며 산답니다. 헤르만 헤세는 "행복하다는 것은 소원을 갖는 것"이라고 말했습니다.

당신이 정말 이루길 바라는 것은 무엇입니까?

간절히 바라는 소원(所願)이 있어야 무기력하고 무절제하고 무능력한 삶에서 벗어날 수 있습니다. 당신이 소원을 따라 행할 때 살아있다는 즐거움과 용기가 솟아나기 때문입니다.

지혜의 책 100권 쓰고 출판해 내기는 나의 핵심 소원입니다.

이 평생소원이 있기에 나는 나라는 존재의 의미를 자각하며 오늘도 책을 쓰며 즐겁게 삽니다. 나는 열 손가락으로 신나게 춤을 추며 무에서 유를 창조하는 즐거운 창작가입니다.

나의 저서 100권을 쓰고 나의 자비로 출판해 내는 것은 평생 할 일입니다. 평생 할 일이 있으니 평생 게으른 마음이 틈타지 못합니다. 조금 느슨해지다가 '아차, 내 책을 써야지. 내 천직 책 쓰기 해야지.' 하면 잠시 후에 나의 마음이 다잡아지고 어느샌가 카페와 서재에서 책을 쓰고 있기에 그렇습니다.

하나님이 각 사람에게 주신 소원은 만족을 줍니다.

나는 예수님이 세워 주신 작가가 되길 참 잘했습니다. 주의 영이신 성령님은 종종 성실히 책을 쓰는 내게 "참 잘하고 있다. 내 아들아. 내가 너를 기뻐하노라. 나의 사랑이 담긴 책을 써내니 내가 너를 아주 많이 사랑한다. 고맙다."라고 말씀하십니다.

간절히 원했던 작가의 삶은 나의 자존감을 굳세게 합니다.

작가라는 단어가 그런 것이 아니라 작가의 삶을 사니까 그런 것입니다. 작가가 무슨 일을 하는지 아시죠? 책과 친구로 삽니다. 책 친구를 보게 됩니다. 책 친구는 내게 무한한 상상력과 자신감과 내 마음에 동기부여를 줍니다. 우울증, 무기력이란 단어가 나의 사전엔 없고 오직 희망, 보람, 즐거움이 있는 것입니다.

이제 나는 그 누구의 삶도 부럽지 않습니다. 그 누구와도 비교하며 교만하게 살지 않습니다. 아브라함과 요셉, 다윗과 사도 요한처럼 성령님이 주신 나의 소원과 그 언약을 따라 삽니다.

    당신도 성령님께 받은 소원을 굳게 붙잡으십시오. 타인과 비교하지 말고 오직 성령님의 약속을 따라 소원성취를 위해 행하십시오. 성령님이 행할 힘도 주사 즐겁게 이룰 것입니다.

    나는 이 책에서 어떻게 소원을 가질 수 있고 복된 소원의 항구가 무엇인지. 소원성취할 수 있는 일곱 가지 비결은 무엇인지. 어떻게 성령님의 인도하심 받아 소원성취할 수 있는지 밝혀 놓았습니다. 당신이 이 책을 믿음으로 읽고 믿음으로 행한다면 나처럼 소원성취가 주는 즐거움과 부요함을 누리게 될 것입니다.

    나는 받은 소원 따라 소원 목록 150개를 적었습니다.

    이미 이루어진 소원들이 있고 진행 중인 소원성취가 있습니다.

    나는 어제나 오늘이나 영원토록 동일하게 나를 사랑하시는 그리스도 안에 있기에 세상 성공에 목말라하지 않습니다. 다만 사람은 가치 있는 일을 할 때 보람과 즐거움을 더 누리니까 그게 좋아서 성령님과 함께 영혼 구원 위해 사는 것입니다.

    당신도 구주 예수님에게서 받은 소원이 있을 것입니다.

    잘 기록해 놓고 필요할 때 보십시오. 소원성취 위해 성령님의 인도하심에 발맞추십시오. 타인과 비교는 금물이며 오직 하나님이 주신 그 언약의 음성을 크게 여기십시오. 예수님이 줄로 재어 준 그 아름다운 구역을 끝까지 지키십시오. 당신은 그리스도 안에서 크게 즐거워하며 소원성취되는 부(富)를 누릴 것입니다.

2020년 6월
이화수

"너희 안에서 행하시는 이는 하나님이시니
자기의 기쁘신 뜻을 위하여 너희에게
소원을 두고 행하게 하시나니."
(빌립보서 2:13, 개정판)

"for it is God who works in you to will
and to act in order to fulfill
his good purpose."
(Philippians 2:13, NIV)

Part 1

소원성취가 있기 전에 먼저 소원이 있었다

하나님은 우리에게 소원을 주고 성취하게 하신다

당신에게도 하나님이 주신 복된 소원들이 있다

"아, 주님 행복합니다. 억만 번이나 행복합니다."
"주님의 얼굴을 보며 책 쓰는 이 시간 즐겁고 행복합니다. 다 주님의 은혜입니다. 감사합니다. 억만 번이나 감사합니다. 예수님."

지금 즐겁게 책 쓰는 이 삶은 내가 6년 전에 절실히 바랐던 소원입니다. 야곱이 6년 만에 거부가 된 것처럼, 지금 그 꿈이 이루어져 백배의 복을 받았고 매일 행복하고 즐겁게 책 쓰며 부요한 작가로 살고 있습니다. 모두가 내 마음에 책을 써내리라는 소원을 두고 행하게 하신 나의 하나님 은혜입니다.

나는 책이란 읽기만 하는 것이지 쓴다는 생각은 전혀 못 했습니다. 내 평생 내가 직접 책을 쓰고 출간까지 하리라고 전혀 생각 못 했던 것입니다. 수천 권의 책을 읽으면서 뭔가 채워지지 않는 목마름이 있었는데 그걸 하나님이 건드려 주시니까 나도 내 이름 석 자 이화수가 인쇄된 복음의 책을 써내고 싶다는 간절한 소원을 갖게 된 것입니다. 그렇습니다. 내 마음에 책을 꾸준히 써내는 작가가 되고 싶다는 소원은 순전히 하나님이 내 마음에 두신 소원이었던 것입니다. 성령님은 내게 여러 번 말씀하셨습니다.

"너는 책을 써라."
"내가 너를 구원했고 너와 함께하는 스토리를 책에 써서 후대에 전해 주라. 네 책을 통해 영혼을 구원하고 세우리라."
"책에 써서 후세에 영원히 있게 하라." (사 30:8)

하나님은 책 쓰는 방법을 알고 싶고 나아가 내 책 100권을 써내리라는 간절한 소원을 주셨습니다. 몸이 후끈 달은 나는 거주 지역을 벗어나 사람들을 만났고 소원성취를 위해 실천하여 협상하며 마침내 예수님의 복음 작가라는 큰 소원을 이루게 되었습니다.
나는 벌써 내 이름이 박힌 여러 권의 책을 써냈고 크게 즐거워하며 책을 써내는 소원성취를 지속해서 누리고 있습니다.

주 예수 그리스도와 함께 창대해지고 백배 복을 누리라

항상 예수님의 얼굴 바라보며 "예수님, 사랑합니다." 고백하며 하나님의 사랑과 예수님의 은혜를 묵상하고 예전의 나처럼 방황하는 영혼에게 복음의 빛을 비춰 주는 책 쓰기 시간은 너무나도 행복하고 황홀한 나의 큰 소원성취인 것입니다. 매일 즐겁게 이 소원을 이루는 과정을 살아 큰 소원성취를 온몸으로 매일 누리게 하시는 나의 하나님께 모든 영광을 돌립니다.

어떻게 하면 하나님과 연결된 소원을 가질 수 있을까요?

첫째, 큰 소원 되신 예수님 안에서 소원을 가지면 됩니다.

예수님은 지금도 우리 마음에 계신 성령을 통해 믿는 자 속에 소원을 불러일으켜 생각하게 하고 상상하게 하여 되고 싶은 모습과 갖고 싶은 것을 열망하게 하십니다.

내가 예수님을 구주로 믿어야겠다는 소원을 가지니까 하나님은 그 소원을 성취해 주셨고 복음의 말씀을 전하고 싶다는 큰 소원을 주셨습니다. 나는 평생 예수님을 사랑하고 복음 전파를 나의 큰 소원, 새 소원, 영원한 소원으로 갖게 되었습니다. 주님은 덤으로 건강과 부요와 천재적인 지혜도 가득히 주셨습니다.

복음을 믿고 복음을 평생 전하겠다는 소원을 갖고 행하자 하나님은 내게 하나님을 경외하는 현숙한 아내를 주어 하나님의 도우심 은총을 평생 입게 하셨습니다. 내게 두 아들 주어 평생 동업자로 든든하게 하셨습니다.

간절히 바랐던 총신대학교 신학대학원에서 신학 하게 했고 성경 말씀에 대한 견고한 기초를 가진 목사가 되게 하셨습니다. 하나님의 영광스러운 교회를 개척하게 하셨고 놀라우신 하나님은 마침내 내게 주신 직분에 꼭 맞게 책 전도자로 세우셨습니다. 덤으로 책 쓰기 비법을 주셨고 사업가, 자산가가 되게 하셨으며 꾸준히 복음의 빛을 비추는 책을 써내는 행복한 작가로 살게 하셨습니다.

"네 시작은 미약하였으나 네 나중은 심히 창대하리라." (욥 8:7)

성령님은 내 안에 살아 계셔서 하나님이 내 마음에 두신 소원들을 행하게 하셨습니다. 그 결과 오늘날 하나님께 백배 복 받은 의인이 되게 하셨습니다. 성령님은 내게 앞으로 천 배 복을 더하겠다고 약속하셨습니다. 성령님은 당신의 마음에도 소원을 두셨고 그 소원 이루도록 행하게 하십니다. 그 소원 소중히 여기며 성령님께 지혜 구하여 행하십시오. 창대하게 될 것입니다.

우리 안에 성령님이 성취하게 도우신다

"오늘은 카페에 가자."
"네, 성령님."

나는 내 안에서 행하시는 성령님의 음성을 따라 지금 카페에서 책을 쓰고 있습니다. 아무리 생각해도 오길 참 잘했다는 생각이 듭니다. 너무나도 평온한 주님 품에서 주님 얼굴 보며 사랑 나누며 나의 천직에 충성하고 있기 때문입니다.

이처럼 성령님 음성에 즐겨 순종하면 마음이 기쁨으로 충만하게 됩니다. 범사에 감사가 넘치며 희로애락 인간사 생활 중에 전능하신 하나님이 '나를 돌보고 계시는구나, 내 가족을 인도하고 계시는구나.'라고 확신됩니다. 현상 보고 낙심하는 게 아니고 바라는 것들의 실체를 보고 오직 믿음으로 전진하게 됩니다.

세미한 음성으로 카페로 가자는 성령님은 작은 일은 물론 큰일도 해결해 주시며 언제나 함께 동행해 주십니다.

성령님과 교제를 사모하는 집사님이 물었습니다.

"성령님이 카페로 가자는 그런 사소한 일도 말씀하시나요?"
"그럼요. 성령님은 큰일뿐만 아니라 작은 일에도 말씀하시며 집사님과 함께하시길 기뻐하십니다."

성령님은 내가 설거지할 때 종종 말씀해 주십니다.
'강하고 담대하라. 내 사랑하는 아들 화수야. 강하고 담대하라. 아무것도 염려하지 말고 오직 나만 믿으라. 나만 바라보라. 네 꿈이 이루어졌다.'라고 격려해 주십니다. 나는 힘을 얻어 '예수 사랑하심을 성경에서 배웠네…' 주 찬양하며 설거지와 집 안 청소를 즐겁게 합니다. 아들들의 방도 약간씩 치워 주고 환기도 하며 건강하게 하나님을 경외하며 살도록 돌봐 줍니다.

아내도 건강하게 사는지 내가 배려해 줄 일은 무엇인지 살펴서 채워 주고 내가 함으로써 돌봐 줍니다. 얼마 전에 발목 펌프를 사다 놨습니다. 아내의 건강을 위해 구입했는데 둘째 아들도 잘 사용하며 가족의 건강에 도움이 되고 있습니다.

한 작가가 말했습니다. "책 쓰기는 정말 힘든 일이다." 하지만 나는 부드럽고 쉽게 술술 써 갑니다. 나의 힘 되신 성령님이 내게 한강 같은 기름부음으로 나를 능력 있게 하시기 때문입니다. 소원성취할 때 성령의 기름부음 따라하면 쉽습니다.

'성령님은 당신에게 소원을 주고 생각하게 하십니다.'
'성령님은 당신의 소원성취를 위해 하나님께 구하게 하십니다.'
'성령님은 당신이 믿음으로 구하는 것을 받은 줄로 믿게 하십니다.'
'성령님은 당신이 계획하고 실천하게 하십니다.'
'성령님은 당신이 좋은 성과물을 갖게 하십니다.'
'성령님은 당신의 소원성취 때까지 포기하지 않게 붙드십니다.'
'성령님은 당신이 소원성취한 성과물에 감사하고 모든 것을 주시는 하나님을 더 경외하도록 도우십니다.'

이처럼 우리 안에 실제로 살아계셔서 우리를 도우며 행하시는 분은 바로 성령 하나님이신 것입니다. 작은 일에 말씀과 음성으로, 큰일도 말씀과 음성으로 당신 안에서 일하십니다.

그분을 범사에 인정하십시오. 그리하면 크고 작은 당신의 인생을 지도받을 수 있습니다.

자기 소원을 굳게 지켜 백 배의 무화과 열매를 먹으라

하나님은 우리 마음에 소원을 주고 행하게 하십니다.

빌립보서 2장 13절 소원은 원어로 델로(θέλω)이며 '원하다, 생각하다, 의도하다, 좋아하다, 즐거워하다' 입니다.

"너희 안에서 행하시는 이는 하나님이시니 자기의 기쁘신 뜻을 위하여 너희에게 소원을 두고 행하게 하시나니." (빌 2:13)

하나님은 우리가 구하거나 생각하는 모든 것에 더 넘치도록 능히 채우시는 고마운 분입니다. 하나님은 내게 독자에서 저자, 청중에서 설교자, 봉급자에서 사업가, 복음 전도자로 내가 생각한 것보다 더 존귀함을 입히셨습니다.

내가 저절로 제일 잘 행하는 은사는 복음 전하는 일인데 오늘도 믿음 생활 중에 전도지로 복음을 전했습니다. 때로는 사람에게 직접 "예수님이 사랑하십니다. 이거 꼭 한번 읽어 보세요. 예수님, 믿으세요." 전도하기도 합니다. 지금은 책 전도를 중점적으로 합니다. 저절로 즐겁게 잘하는 전도, 설교, 가르치기, 기도하기, 찬양하기 등은 하나님의 은혜로 내게 주신 귀한 은사들입니다.

우리 크리스천의 핵심 소원과 소명은 하나입니다.

하나님 사랑, 나 사랑, 이웃 사랑입니다. 맨발의 전도자였던 최춘선 복음 전도자는 '사명은 각자, 각자요.'라고 했습니다. 이 말은 각자에게 달려갈 인생길이 있다는 말입니다. 하나님은 내게 "은혜의 복음을 담은 책을 100권 써서 출간하는 일이 나를 사랑하는 길이요. 너를 사랑하는 길이며 너의 복음 전도 소명을 이루는 길이요. 이웃을 사랑하는 길이라." 하셨습니다. "책을 쓰면서 복음을 마음에 새기는 삶이 너를 사랑하는 복이라." 하셨습니다. "폭풍우 치는 바다 같은 세상에 너의 이름이 박힌 책들을 출간하여 등대 빛처럼 빛을 비춤이 이웃 사랑하는 길이라." 하셨습니다.

나는 이 소명을 행하는 삶이 너무나 즐겁고 행복해서 나의 자리나 하는 일을 신념을 갖고 굳게 지킵니다. 신념(信念)은 '굳게 믿고 변하지 않는 생각, 곧 자기가 확신하는 바를 굳게 믿는 마음'입니다. 당신도 받은 소원에 대한 신념을 끝까지 지키십시오. 포기하지 않고 끝까지 자기 무화과를 지키는 자가 결국 열매를 따 먹게 되기에 그렇습니다.

"무화과나무를 지키는 자는 그 과실을 먹고 자기 주인에게 시중드는 자는 영화를 얻느니라." (잠 27:18)

모든 일을 원망과 시비가 없이 해야 한다

하나님이 주신 소원의 일은 기쁨이지 원망거리가 아닙니다.

게으른 자는 하나님이 주신 소원을 원망합니다. 괜히 주위 사람에게 짜증을 냅니다. 성실하고 부지런히 자기 일에 충성된 자는 마음에 꿀 같은 즐거움을 누립니다. 예수님이 주신 복음 작가와 강연가와 사업가의 길은 내게 꿀이 흐르는 평생직업입니다.

하나님은 우리가 소원을 행할 때 서로 사랑하는 가운데 하길 바라십

니다. "모든 일을 원망과 시비가 없이 하라." (빌 2:14)

당신이 하나님께 받은 소원을 즐겁게 행하는 비결은 받은 소원의 감격을 유지하는 것입니다. 없었던 하나님의 소원이 생겼음에 감사하고 감격하는 그 태도인 것입니다.

하나님과 동업하여 최고의 일을 하라

지구는 돕니다. 일하고 있는 거지요. 지구도 일하고 달도 일하고 개미도 일합니다. 만물이 다 일합니다. 개미도 꾸준히 자기 일을 하는데 하물며 사람에게 꾸준히 해야 할 일이 없을까요?

최고의 일은 성령님과 동업하는 일입니다. 큰 버스나 자가용이 달리고 있습니다. 그 안에 운전자의 소원 따라 달립니다. 사람도 각자 달립니다. 부모 소원 따라, 친구 소원 따라, 애인 소원 따라, 자기 소원 따라. 그 길 끝에는 1년 기쁨, 아니 한 달 기쁨 정도입니다. 하지만 성령님과 달리는 즐거움과 성령님과 성취한 일은 더 크고 영원합니다. 한 예로 30년 전에 전도한 나의 어머니는 30년 동안 나의 기쁨입니다. 나는 예수님이 복되게 하신 나의 책을 통해 영혼을 구원하는 최고의 일을 하며 삽니다.

당신도 받은 소원에 감사하고 감격하십시오. 그 소원성취를 위해 성령님과 동업하십시오. 최고의 일을 한다는 자부심과 높은 자존감을 갖고 살 것입니다.

하나님을 기뻐하니까 소원성취가 되더라

나의 하나님을 기뻐하니까 평강과 부가 넘친다

당신은 평온하게 살고 있습니까?

나는 평온하게 살고 있습니다. 평온하고 아름다운 동산처럼 내 모든 인격과 생활에 평온함의 행복이 가득합니다.

어린 시절엔 불안하게 살았습니다. 바이킹 놀이기구에 갇혀 꼼짝없이 당했던 무서움 같아서 "으아, 으아아악, 으아아아~ 아아악…." 비명 지르듯이 기분 나쁘고 싫은 감정 기복을 느끼며 살았습니다. 마음이 불안하니까 불행한 일들만 내게 생기는 것 같았습니다. 좋은 게 좋은 게 아니었습니다. 불안감이 행복의 달콤한 맛도 다 무뎌지게 했습니다.

지금은 나의 하나님을 기뻐하니까 평온하게 살게 되었습니다.

예수님은 자신을 구주로 기뻐하는 나에게 피할 바위가 되셨고 방패가 되셨으며 산성이 되어 주셨습니다. 내가 실족하지 않게 하셨고 졸지도 않는 가운데 나를 지키시지요. 내가 나의 피난처시요, 내 믿음의 시작이시요, 완성자이신 예수님을 기뻐하니까 기도 응답을 받아 평화롭고 부하게 사는 것입니다.

삶이 평온하기에 기도가 저절로 나옵니다.

"성령님, 성령님의 얼굴을 보며 책 쓰는 이 시간이 참 행복합니다. 내게 책 쓸 소원을 두시고 실천하게 하시는 주님은 정말 놀라우신 하나님이십니다. 감미로운 음악을 들으며 건강한 마음으로 나의 하나님과 책 쓰는 나 자신과 내 책을 보고 복음의 은혜를 누릴 한 영혼을 바라보며 즐겁게 책을 써서 억만 번이나 행복합니다."

"성령님, 억만 번이나 감사합니다. 억만 번이나 사랑합니다."

행복은 어디에 있을까요? 파랑새 행복은 바로 내 마음에 있는 것입니다. 풍파 많은 세상에서 고요히 내 주님과 사랑의 눈을 맞추며 즐겁게 주의 일을 하며 사는 것이 평온의 끝이지요.

나는 날마다 평온하게 카페에서 책 보고 책을 씁니다.

나는 은금보다 지혜가 좋습니다. 하루 첫 시간에 나의 하나님께 정시 기도하고 나만의 자리 동네 카페에 와서 나만의 자리인 내 자리를 차지하고 앉아 평온함으로 인하여 기뻐하는 중에 성령님의 얼굴 보며 책 보며 깨달음에 감사하고 메모하고 순서대로 출간할 책을 쓰면 그렇게 즐겁답니다.

어떻게 해야 평온하게 살 수 있을까요?

첫째, 먼저 당신의 마음의 평온을 귀중히 여겨야 합니다.

사람에게 평온함의 뿌리는 마음입니다. 마음에서부터 불안해하면 바깥 생활도 불안합니다. 마음에서부터 부요하지 않으면 밖에서도 부요하지 않게 됩니다. 마음에서부터 지혜가 없으면 밖에서도 어리석게 삽니다. 마음에서부터 참된 의지가 없으면 밖에서도 나약하게 삽니다. 그래서 밖의 일과 재물보다 먼저 내면의 내 마음을 지키고 다잡아 줘야 하는 것입니다.

재물 관리하거나 일을 시작하기 전에 먼저 당신의 마음을 계발해 줘야 합니다. 나는 책을 통해 나의 마음을 경영합니다. 책을 읽음으로써 타인의 말을 경청하고 성경을 읽음으로써 성령님의 음성을 경청합니다. 책을 씀으로써 나의 생각과 깨달은 바를 명확하게 합니다. 그 후 출간된 나의 저서들은 평생 독자와 나의 지혜로운 친구이며 동기부여자가 되는 것입니다.

자기 생각이 정리된 상태로 잠자고 일어나 하루를 시작하는 사람에게 불안한 마음이 생길 리가 없습니다. 남을 시기하는 말이나 부정적인 말을 하지 않고 오직 믿음의 말만 하게 됩니다.

"아, 짜증 나." 하지 않고 "그래도 감사합니다. 그래도 행복합니다. 그래도 즐겁습니다. 그래도 나는 부요합니다." 하고 습관 따라 말하며 이웃에게 긍정적인 생명 에너지를 줍니다.

"평온한 마음은 육신의 생명이나 시기는 뼈를 썩게 하느니라." (잠 14:30)

평온한 마음으로 사는 삶이 돈 많아도 불안한 생보다 훨씬 더 낫습니다. 건강한 마음으로 사는 삶이 많은 재물을 갖고 가족과 다투거나 타인과 다투며 사납게 사는 것보다 훨씬 더 부한 것입니다.

권력, 명예, 숫자, 건물, 돈이 아무리 많아도 휠체어로 생활하며 자기 맘대로 움직이지 못하거나 마음에 근심이 가득하다면 그런 것들이 자기에게 그 무슨 유익이 있겠습니까?

그래서 내 마음의 평온을 소중히 지키며 평온한 마음으로 사는 것이 제일입니다. 내가 내 안에 주 그리스도를 소원성취보다 더 기뻐하니까 자동으로 평온함의 소원도 성취된 것입니다.

그리스도의 평강이 세상 평강보다 억만 배나 좋다

마음의 평강에서 부요함이 샘솟습니다.

성령님은 부드럽고 감미로운 하나님이십니다. 굳은 마음은 성령의 나타남을 막아버립니다. 윤활유가 말라 버린 기계 덩어리처럼 삶에 삐거덕 소리가 납니다. 잘 들어오던 재물이 막혀 버립니다. 안 나가도 될 재물이 나가 버립니다. 이 얼마나 손해입니까?

어떻게 불필요한 손해를 입지 않고 살 수 있을까요? 평소에 그리스도의 평강으로 마음을 주장하면 됩니다.

"그리스도의 평강이 너희 마음을 주장하게 하라." (골 3:15)

걱정거리가 많은 세상에서 매일 평온하게 산다면 그 얼마나 큰 기적입니까? 그건 돈으로 인위적으로 되는 게 아닙니다. 많은 사람이 영적 존재인 자신을 세상 인기, 명예, 재산, 친구로 포장하여 평강하게 산다 합니다. 하지만 누가 말하기 전에 자기 양심이 먼저 정말 평온하지 않음을 잘 압니다. 교회에 다니지만 교회의 머리 되신 그리스도의 평강 가운데 살지 않는 자가 있습니다. 그런 사람은 큰 낭패를 당하고 나서야 "내가 이제야 참으로 주님만이 나의 큰 평강임을 알았습니다." 하고 울며 말합니다. 깊은 실패로 깊은 흉터가 생기기 전에 그리스도의 평강이 내 마음을 주장하게 해야 합니다. 흉터 없는 몸과 마음이 더 낫지 않겠습니까?

내 마음에 계신 분이 세상 만물보다 크심을 알아야 합니다.

세상의 관리들을 세우신 분은 바로 하나님이십니다. 세상보다 크신 예수님이 내 마음에 살아 계심을 믿고 나를 변함없이 사랑하시는 그분을 의지할 때 내 마음이 그리스도의 평강으로 기름부음 받게 됩니다. 세상 평강보다 억만 배나 달콤한 그리스도의 평강은 바로 믿음으로 부음 받게 되는 것입니다.

내가 바로 그 평강의 사람인데요. 그러기에 나는 매일 평온하고 건강하게, 즐겁고 탁월하게 살 수 있는 것입니다.

그렇습니다. 예수 이름을 부르는 자가 그리스도의 평강이 자기 마음을 주장하게 하는 것입니다. 의인은 무시로 내 안에 계신 크신 예수님을 믿음으로 불러야 합니다.

"예수님, 사랑합니다. 예수님, 사랑합니다."

"내 마음에 실제로 살아 계신 전능하신 예수님을 의지합니다."

"바람과 파도를 다스리셨고 군대 귀신을 꾸짖어 쫓으셨으며 사탄의 시험을 능히 이기신 예수님을 내가 믿습니다."

"언약대로 언제나 나와 함께 하심을 믿습니다. 내게 부으시는 주의 평강이 세계 최곱니다. 예수님, 감사합니다. 예수님, 행복합니다. 예수님, 사랑합니다."

나는 무시로 내 안에 계신 예수님을 찾습니다. 그분을 의지합니다. 주님은 수시로 내게 용기를 부어 주십니다. "강하고 담대하라. 두려워하지 마라. 내가 너와 함께 하느니라. 나는 너의 평강의 하나님이니라." 이런 주의 은혜로 나는 나의 손에, 나의 가슴에, 나의 발에, 나의 눈빛에 예수님의 평온함의 기름부음을 경험하며 매일 평온하게 삽니다. 예수님이 바로 나의 평온함의 끝인 것입니다.

"평안을 너희에게 끼치노니 곧 나의 평안을 너희에게 주노라 내가 너희에게 주는 것은 세상이 주는 것과 같지 아니하니라. 너희는 마음에 근심하지도 말고 두려워하지도 말라." (요 14:27)

지금부터라도 그리스도의 평강이 제일임을 기억하고 그분을 의지하십시오. 이미 당신 안에 평강의 왕이신 그리스도가 실제로 살아계십니다. 할렐루야!

하나님의 큰 힘으로 무에서 유를 성취하라

당신은 무슨 힘으로 살고 있습니까?

나는 나의 힘이신 하나님으로 살고 있습니다. 내가 하나님을 사랑하니까 하나님은 내게 '반요건, 하바방, 뿔산찬'의 큰 힘이 되어 주셨습니다. 이는 시편 18장 2~3절 앞 글자입니다.

"여호와는 나의 반석이시요 나의 요새시요 나를 건지시는 이시요 나의 하나님이시요 내가 그 안에 피할 나의 바위시요 나의 방패시요 나의 구원의 뿔이시요 나의 산성이시로다. 내가 찬송 받으실 여호와께 아뢰리니 내 원수들에게서 구원을 얻으리로다." (시 18:1~3)

당신도 이 성구를 아예 암송하여 평생 하나님의 힘으로 사십시오. 하나님이 주시는 힘은 독수리의 날개 치며 올라감 같은 힘 같아서 날마다 새롭게 새 능력으로 꿈의 하늘을 지치지 않고 비행할 수 있답니다.

나는 10살 때에 아버지를 잃었고 위로 형도 없었습니다.

나는 세상에서 의지할 대상 없이 무방비 상태로 나약하게 컸습니다. 나는 예수님이 크고 전능하신 하나님의 아들이심을 알아 가면서 "만왕의 왕이신 내 구주 예수님이시여, 나의 힘이 되어 주십시오. 나는 가난하고 힘없는 자니 내 평생에 큰 힘이 되어 주십시오." 하고 간절히 소원을 아뢰었습니다.

예수님이 환상 중에 내게 말씀하셨습니다.

"화수야, 화수야. 내가 너를 위하여 죽었다."

"이제 너는 내 것이야."

"내가 너의 눈물을 닦아 주었다. 그리고 나는 너의 영원한 친구가 되었단다. 영원히 나는 너의 힘이란다."

"내가 너를 영원히 사랑하니까, 너는 항상 강하고 담대하게 살아도 된다. 나의 마인드를 갖고 크게 생각하고 크고 많은 소원성취를 꿈꾸며 살아라. 내가 너를 참으로 도우리라. 나는 너의 영원한 아버지이고 내가 너의 전부이니까."

나는 그때부터 내 구주 예수님을 나의 큰 권세와 능력으로 삼고 수십 년간 지금까지 당당하게 살아왔던 것입니다.

성경에서 여호와는 주의 영, 곧 우리 마음에 실제로 살아 계신 크신 성령 하나님을 말씀합니다. 다윗은 "내가 항상 내 주를 내 앞에 모셨음이요."라고 말하며 실제로 자기 마음과 자기 앞에 살아 계신 크신 성령님을 모시고 살았습니다. 그는 전쟁 중에도 목숨이 위태로울 정도로 도망 다닐 때도 오직 성령님만을 의지했습니다.

성령님은 다윗이 왕일 때나 목동일 때나 지키셨고 그가 왕의 일이나 목동 일을 할 때도 그의 힘이 되셨습니다.

성령님은 내가 처음 예수를 믿고 예수를 전할 때 나의 힘이 되셔서 나를 지키셨습니다. 지금은 책으로 주로 전도하지만 한 때는 불신자들 앞에서 직접 복음을 전할 때 욕설을 들으며 핍박을 받기도 했습니다. 그때도 성령님은 나의 마음을 굳게 하셨으며 내가 두려움을 떨치고 복음을 전하도록 힘을 주셨습니다.

책 쓰기가 낯선 사람은 힘이 듭니다. 책 쓰기는 무에서 유를 창조해 내는 기적이기 때문입니다. 하지만 성령님께 힘을 공급받는 나는 천재적인 기름부음으로 '탁탁탁탁, 탁탁탁탁' 열 손가락으로 신나게 춤을 추며 책을 쓰고 '뚜르르릉, 뚜르르릉' 열 손가락으로 피아노를 쳐서 맑고 고운 소리를 내듯 책을 써냅니다.

건축가는 쉽게 몇 개월 만에 멋진 건물을 세워 놓습니다. 나는 성령님의 천재 작가로서 몇 개월 만에 쉽게 멋진 책을 써서 출간하여 유통까지 세워 놓습니다. 내 책 한 권 한 권은 나의 멋진 123층짜리 지혜빌딩들입니다. 내 빌딩은 천 년 동안 이 땅에 있게 되지요.

책을 쓰는 일이든 무슨 일이든 쉽게 할 수 있습니다. 그리스도 안의 영적 천재는 바로 성령님이 생수의 강으로 마르지 않고 강력한 기름부음의 힘을 언제나 부어 주시기 때문입니다.

당신도 큰 능력의 기름부음 따라 예배하십시오. 사업하십시오. 공부하십시오. 가정을 돌보십시오. 일을 하십시오.

당신도 하나님을 경외하며 학교를 설립할 수 있습니다. 이랜드 같은 기업을 일으킬 수 있습니다. 빌 게이츠처럼 선한 영향을 주는 회장이 될 수 있습니다. 벤자민 프랭클린처럼 천재적인 재능을 발휘하며 다방면으로 자신과 이웃에게 유익을 줄 수 있습니다. 하나님의 은혜로 모든 것에 모든 것이 넉넉하여 꾸준히 기부하므로 기부 천사로 불리는 선과 정해영 부부처럼 하나님과 자신들과 이웃들에게 큰 기쁨을 주는 삶을 살 수 있습니다.

하나님이 나의 힘이심을 믿고 말로 선포할 때 성령님의 큰 능력이 나타납니다. 당신도 주의 얼굴을 보며 주를 선포해 보십시오. 용맹스러운 젊은 사자같이 일상을 힘 있게 살게 됩니다.

"성령님은 나의 반석이시다."
"성령님은 나의 요새이시다."
"성령님은 나를 건지신 분이시다."
"성령님은 나의 하나님이시다."
"성령님은 나의 바위이시다."
"성령님은 나의 방패이시다."
"성령님은 나의 뿔이시다."
"성령님은 나의 산성이시다."
"성령님은 나의 찬송이시다."

그리스도의 영이신 성령 하나님은 이미 당신의 큰 힘이십니다.

땅이 혼돈하고 공허하며 흑암이 깊음 위에 있었을 때 수면 위에 운행하시면서 천지 만물을 창조하신 큰 능력의 성령님이 당신 안에서 돕고 계심을 기뻐하십시오. 성령님을 기뻐하십시오.

믿고 구한 것은 받은 줄로 믿고 자신 있게 '성령님은 나의 힘이시다. 나는 내게 능력 주시는 성령님 안에서 모든 것을 할 수 있다.'라고 선포하십시오. 하나님을 기뻐하며 하나님을 선포하는 당신에게 하나님께서 소원성취의 복들을 주실 것입니다.

선한 소원성취는 의인의 소원이다

선한 소원은 생명을 살려 주는 멋진 소원이다

당신은 선한 소원을 갖고 사십니까? 나는 선한 소원을 갖고 삽니다. 내가 생각하는 선한 소원이란 생명을 사랑해 주고 생명을 살리는 소원입니다. 죄의 소원은 자신과 타인을 죽이고 멸망시키는 소원이지만 선한 소원은 생명을 살리고 사랑하는 멋진 소원입니다.

"나는 살려고 하는 여러 생명 중의 하나로 이 세상에 살고 있다. 생명에 관해 생각할 때 어떤 생명체도 나와 똑같이 살려고 하는 의지를 가지고 있다. 다른 모든 생명도 나의 생명과 같으며 신비한 가치를 가졌고 따라서 존중하는 의무를 느낀다. 선의 근본은 생명을 존중하고 사랑하고 보호하고 높이는 데 있으며 악은 이와 반대로 생명을 죽이고 해치고 올바른 성장을 막는 것을 뜻한다."

- 알베르트 슈바이처(Albert Schweitzer, 1875~1965)

전에 나는 죄의 소원을 따라 살았습니다. 눈에 보이지 않아도 마음으로 타인을 미워했고 정죄했고 실패하기를 바랐습니다. 그런 삶은 나 자신도 피폐해지고 타인도 잘되지 않는 삶이더군요.

지금은 타인이 잘되고 번창하길 바라는 마음과 태도로 삽니다. 사람은 연약하여 육신의 정욕대로 죄의 소원을 이루려 하는 성향이 있습니다. 하지만 의인은 그리스도를 의지하여 능히 선한 소원을 갖고 살아갈 수 있습니다. 성령님은 의인이 선한 소원을 갖고 살도록 소원을 두고 행하게 하십니다. 사람은 자기 자유의지로 죄의 소원은 다스리고 선한 소원을 성취하도록 해야 합니다.

어떻게 하면 죄의 소원을 다스리고 선을 행할 수 있을까요?

첫째, 주의 이름을 불러야 합니다.

당신도 주의 이름을 부를 수 있는 자격이 있습니다.

예수님은 누구든지 예수 이름을 부르는 자가 선한 소원을 갖고 이루도록 구원해 주십니다. 예수님은 자기 이름으로 무엇을 구하든 시행해 주시는 고마운 주님이십니다.

예수님은 내가 죄의 소원을 버리고 선한 소원을 사모하며 주의 이름을 불렀을 때 나의 마음과 생각이 수준 높은 선한 소원을 갖도록 구원해 주셨습니다. 나는 평강할 때도 주의 이름 부르길 즐겨 합니다. 주님은 그런 내가 평강에서 평강이 넘치는 삶을 살게 하십니다. 주 예수님은 실로 놀랍고 전능하신 구세주이신 것입니다.

"누구든지 주의 이름을 부르는 자는 구원을 받으리라." (행 2:21)

나는 무시로 "예수님, 사랑합니다. 예수님, 사랑합니다. 예수님, 사랑합니다. 예수님, 믿습니다. 예수님, 믿습니다. 예수님, 믿습니다!"라고 주를 부릅니다. 잠시 후에 순식간에 복음의 능력이 나를 사로잡고 나는 감동을 누립니다.

수십 년 전에 예수님과 첫사랑에 빠져 부르짖으며 불렀던 영광의 주님을 지금도 내가 보게 됩니다. 예수님께 사랑을 고백할 때 환상 중에 날 구하시려 십자가에 매달리신 예수님을 내가 봅니다. 만왕의 왕이신 영광의 주를 내가 봅니다.

나는 무시로 영의 기도인 방언으로 주를 부르고 마음으로 주를 부릅니다. 나는 계속 영으로 마음으로 쉬지 않고 기도합니다.

"아버지이 사랑합니다."
"아바랄라 라라라라 하바랄라 라라라라."
"아바랄라 라카싸야 파야 하야 카야……."
"예수님, 사랑합니다. 예수님, 행복합니다. 예수님, 감사합니다. 예수님, 도와주소서. 예수님, 믿습니다."

이렇게 가슴으로 예수님을 생각하고 가슴으로 예수님을 붙들면 내 생각에 하나님의 가치관이 분명해집니다. 나는 그 방향과 그 지혜로 전도하고 책을 써 생명을 살리는 선한 소원을 성취합니다. 영혼들에게 영원한 생명의 희망을 주며 사는 것입니다. 당신도 영으로 마음으로 쉬지 말고 기도하십시오.

"그러면 어떻게 할까 내가 영으로 기도하고 또 마음으로 기도하며 내가 영으로 찬송하고 또 마음으로 찬송하리라." (고전 14:15)

둘째, 적극적으로 믿음의 말을 해야 합니다.

나의 힘이 되신 새 언약을 기억하며 소리 내어 외워 봅니다.

"강하고 담대하라."
"아멘!"
"네가 어디로 가든지 네 하나님 여호와가 너와 함께하고 있느니라."
"아멘!"
"내가 너와 너의 가족과 영원토록 함께하느니라. 아멘!"
"너는 계속 기도하는 것과 말씀 전하는 책 쓰기에 전무하라."
"아멘!"
"예수님이 내게 항상 강하고 담대하라고 격려하신다. 내가 언제 어디에 있든 성령님이 나를 지키고 계신다. 내 가족에 대한 사랑의 염려는 없어졌고 돌보시는 하나님을 나는 믿는다. 고로 나는 매일 즐겁게 책 쓰기로 복음을 전파하노라."

나는 이렇게 내 안에 살아 계신 크신 성령님의 언약을 따라 삽니다. 성령님은 성경 말씀과 세미한 음성으로 나를 인도해 주십니다.

예수 이름으로 자기 길이 평탄하도록 명령하라

나는 필요하다 싶으면 나사렛 예수 이름으로 명령 기도를 합니다. 하나님은 의인들에게 예수 이름이라는 귀하고도 귀한 이름을 주셨습니다. 예수 이름에는 권능이 있어 귀신과 사탄이 쩔쩔맵니다. 사람들에게 죽이고 멸망시키고 도적질하는 화살을 쏘아대는 원수를 대적하며 제어하며 사십시오.

"내가 나사렛 예수 이름으로 명하노니 내게서 모든 악한 영은 묶임 받고 떠나갈지어다. 내가 나사렛 예수 이름으로 명하노니 마음에서 모든 부담은 사라질지어다."

때로는 그 당시 겪는 상황을 넣고 명령 기도를 합니다.

"내가 나사렛 예수 이름으로 명하노니 미움을 일으키는 악한 영은 묶임 받고 떠나갈지어다."
"오, 하나님 저 사람에게 복을 내려 주소서. 저 사람을 용서합니다. 저가 지금보다 백 배나 잘되게 하옵소서."

나는 이렇게 선을 행하기로 선택한 대로 실천합니다. 그리하면 마음에 부담은 사라지고 하나님의 행복함이 충만해집니다.

'나사렛 예수 이름에 선을 행할 능력이 있습니다.'
'나사렛 예수 이름에 죄를 다스릴 능력이 있습니다.'
'나사렛 예수 이름에 부담을 떨쳐 버릴 능력이 있습니다.'

하나님의 뜻은 선한데 지혜롭고 악한데 미련하길 원하십니다.
우린 복음을 대적하는 악한 생각일랑 추호도 하지 말아야 합니다. 오직 복음을 믿음으로 하나님을 기쁘시게 해 드려야 합니다.

나는 적극적으로 선한 소원을 생각합니다. 나의 천직인 생명을 살리는 소원을 생각합니다. 내게 영원한 생명이 있어 행복한 것처럼 이웃도 양으로 생명을 얻고 더 풍성히 누리게 하시는 주 예수님의 영원한 생명을 누리도록 하기 위함입니다. 톨스토이가 "인생의 참된 목적은 영원한 생명을 깨닫는 데 있다."라고 말한 것처럼 우리는 이 영원한 생명을 모두가 갖도록 영생이신 예수를 전해야 합니다.

생명의 생각은 생명의 계획을 세우게 하고 계획은 나의 움직이는 방향이 됩니다. 방향이 정해졌으니 두 마음이나 혼잡한 마음으로 살지 않게 됩니다. 한마음으로 집중하며 적극적인 말과 실천으로 선한 소원 성취를 하며 오직 내 삶을 살게 되는 것입니다.

"의인의 소원은 오직 선하나 악인의 소망은 진노를 이루느니라."
(잠 11:23)

죄의 소원은 생각하지 말아야 합니다. 망령된 생각도 하지 말아야 합니다. 마음속에서 계획조차 하지 말아야 합니다. 적극적인 태도로 죄의 유혹을 다스려야 합니다. 의인의 소원은 오직 선하기 때문입니다. 오직 적극적으로 그리스도를 사랑하고 십자가 복음에 살고 그 생명의 복음을 자랑하십시오. 당신 앞에 유쾌하고 풍성한 삶이 충만할 것입니다.

"네가 선을 행하면 어찌 낯을 들지 못하겠느냐 선을 행치 아니하면 죄가 문에 엎드리느니라 죄의 소원은 네게 있으나 너는 죄를 다스릴 지니라." (창 4:7)

나의 모든 소원을 어찌 이루지 아니하시랴

전능하신 하나님이 이루어 주심을 굳게 믿으라

당신은 모든 소원이 성취됨을 확신합니까?

나는 하나님과 살아본 결과 하나님이 나의 모든 소원을 성취해 주심을 확신합니다. 나는 아브라함처럼 하나님을 모르고 살았었지만 아브라함을 찾아내시어 말씀하셨고 그 인생을 인도하셨던 하나님이 내게도 그리하셨기 때문입니다.

어려서부터 지금까지 복음의 말씀을 계속 들려주신 하나님. 나는 하나님께 말로 표현할 수 없었지만 성령으로 탄식하며 말하게 하신 하나님. 하나님을 아빠, 아버지라고 내가 부르리라고 전혀 생각도 못 했었는데 부르게 하시는 하나님. 결혼할 형편이 아니었는데 아내를 주신 하나님. 신학을 할 처지가 아니었는데 길을 열어 신학을 배우게 하신 하나님. 큰 소원들을 이루어 주신 하나님. 고난 중에 함께하시며 말씀하셨던 하나님. 기뻐서 찬미하는 내게 지금도 말씀하시는 하나님, 등 등.

나는 하나님이 지금도 큰 기적을 베푸시며 살아 계심을 말하지 않을 수 없는 것입니다. 다윗은 자기 인생이 끝나갈 무렵 마지막 말을 했습니다. 그는 끝까지 "나를 견고케 하신 하나님, 준비케 하신 하나님이 남은 나의 모든 소원도 어찌 이루지 아니하실까?" 하고 자기 소원성취에 대한 자신감이 넘쳤습니다. 어떻게 가능했을까요? 여호와의 영이신 성령님과 평생 살아본 산 경험에 의해서입니다. 다윗은 평생 자기 앞에 계신 주를 모셨습니다.

나도 항상 내 앞에 계신 주를 부르며 삽니다.

나는 내 안에 계신 크신 주 예수님이 너무 좋습니다. 그분은 나의 전부입니다. 전에 나는 나의 소원이 이루어지는 것에 초점을 맞추어 신앙생활을 했습니다. 그러나 나는 나의 잘못을 깨닫고 나서는 오직 주님 예수만을 소중히 여깁니다. 선물을 주는 주인이 더 귀한 줄 알게 된 것이지요.

추수감사절의 최고 열매는 예수 그리스도이시다

이번 추수감사 예배 때 나는 다른 때보다 감사가 남달랐습니다.

전에는 "이번 한 해에 하나님이 내게 어떤 복을 주셨나?" 이렇게 받은 선물을 생각하고 거기에 따라 감사헌금을 했습니다. 그런 것도 좋지만 나는 알았습니다. 예수님이 나의 가장 큰 추수요 감사임을. 나는 앞으로 예수님이 나의 큰 감사임을 기억하고 하나님께 영광을 돌릴 것입니다. 당신에게도 올 한 해 큰 추수감사는 바로 당신을 영원히 사랑하시는 예수님임을 기억하십시오.

당신과 내가 처음 예수를 믿고 나서 수십 년이 지난 오늘까지도 우리 영혼의 빛과 복음의 말씀으로 살아계시는 예수님이 바로 우리의 큰 추수인 것입니다. 아브라함과 이삭과 야곱의 소원을 성취하셨던 그 하나님이 바로 우리의 크고 중요한 사랑인 것입니다. 다윗도 나의 하나님은 나의 사랑이라고 고백했습니다.

당신이 진짜로 사랑하는 대상은 누구입니까?

다윗은 하나님과 사랑하며 살고 멸망의 위기에서 구원받으며 소원 성취 누리는 자에 대해 다음같이 선포했습니다.

"그는 돋는 해의 아침 빛 같고 구름 없는 아침 같고 비 내린 후의 광선으로 땅에서 움이 돋는 새 풀 같으니라." (삼하 23:4)

성령님과 친밀하게 사는 당신도 이런 복들을 누립니다. 다윗은 언약하신 성령님이 결국 모든 소원을 성취해 주신다고 충만한 믿음으로 선언한 것입니다. 당신도 선포해 보십시오.

'내 영혼에 돋는 해의 아침 빛이 항상 가득하다.'
'내 마음이 구름 없는 아침같이 항상 청명하다.'
'내 육신이 아름다운 동산같이 항상 희망차다.'
'내 생활이 움 돋는 새 풀같이 항상 번성한다.'

나는 나의 성령님이 나의 소원을 이루어주심을 확신하며 삽니다. 복음을 전파하는 나의 소원은 하나님이 주신 사명이기 때문입니다. 다윗은 성령님을 항상 자기 앞에 모시고 살았으며 성령님과 친밀한 교제 가운데 모든 삶을 살았습니다. 나는 내 안과 내 앞에 계신 크신 성령님을 무시로 의지하니 견고합니다. 내게 언약하신 하나님이 신실한 분임을 믿는 큰 믿음으로 견고한 것입니다.

"내 집이 하나님 앞에 이 같지 아니하냐 하나님이 나와 더불어 영원한 언약을 세우사 만사에 구비하고 견고하게 하셨으니 나의 모든 구원과 나의 모든 소원을 어찌 이루지 아니하시랴." (삼하 23:5)

하나님의 영이신 성령님이 내 안에서 나를 통해 말씀하셨으며 그 말씀하신 소원을 이루셨으며 나의 모든 것을 합력(合力)하여 선을 이루어 주신 성령 하나님이 어제처럼 지금도 내일도 나의 모든 소원을 이루어 주신 것을 나는 확신합니다. 당신도 그렇지요?

내 소원이 만족되고 내 생이 독수리같이 날다

"나는 왕이다!"
"나는 왕이다!"
"나는 왕이다!"

나는 오늘 깨닫고 짧고 굵게 선포했습니다. 동물의 왕인 사자 같이 용기가 샘솟았고 공중의 제왕 독수리처럼 온몸에 신적 에너지가 넘쳤습니다. 오늘도 내 인생이 살맛이 났습니다.

독수리 같은 제왕으로 살라

전에는 참새처럼 찌질했습니다. 노예처럼 구걸했습니다.

"저, 이것 좀 주시면 안 돼요?"

"아, 언제나 그 사람이 해 줄까?"

"누가 돈 좀 안 주나?"

믿음의 왕이 된 지금은 내가 직접 다 믿음으로 해결하며 삽니다. 의식주 문제를 다 해결하며 삽니다. 나는 성령님과 동업하며 왕처럼 만족하며 자비량 전도자로 살아가는 것입니다.

노예 믿음은 하나님께 무엇을 위해 기도할 때 노예처럼 울며불며 구걸합니다. 그러나 그리스도 안의 왕자와 공주는 예수 이름으로 하나님께 부탁하면 되고 말씀에 의지하여 부탁하면 됩니다.

"너희는 택하신 족속이요 왕 같은 제사장들이요 거룩한 나라요 그의 소유가 된 백성이다." (벧전 2:9)

하나님의 왕자로 부탁하고 명령하라

나는 지금 왕의 마인드로 부탁하거나 명령하며 삽니다.

세상 살아갈 때 삶에 필요한 모든 부분에 명령을 내리며 삽니다. 그리하면 나의 예수님께서 시행해 주십니다.

이스라엘 백성들은 열 가지 재앙의 기적과 홍해가 갈라지고 자기들이 구원받은 큰 은혜를 망각했습니다. 그들은 40년 동안 성실하게 자기들을 먹이고 보호하신 큰 기적의 하나님을 생각지 못했습니다. 그들은 모세 앞에 나와 원망했고 "우리가 고기를 못 먹어 죽겠다. 고기를 먹게 하라."라고 협박했습니다.

우린 원망하는 말을 하지 말아야 합니다. 공동체 지도자의 원망이 공동체에 전염되지 않도록 주의해야 합니다. 공동체나 개인의 원망이 지도자에게 전염되지 않게 해야 합니다. 피차 멸망할 수 있기 때문입니다.

이스라엘 백성들은 하나님을 경외하는 마음으로 하나님의 종 모세에게 "우리가 고기를 먹고 싶습니다. 고기가 필요하니 좀 구해 주십시오."라고 부탁할 수 있었습니다. 모세도 하나님께 원망하는 기도보다는 "저를 통해 홍해를 가르신 전능하신 여호와 하나님을 내가 믿습니다. 이번에도 어린 백성들의 마음을 긍휼히 여기시고 필요한 고기를 전능하신 하나님이 해결해 주십시오."라고 하나님께 부탁할 수 있었던 것입니다.

나는 하나님께 감사하고 감사하며 필요한 것을 내 구주 예수 이름으로 부탁을 합니다. 그리하면 적절한 때에 아버지 하나님은 내게 가장 좋은 것으로 만족하게 채워 주십니다.

하나님은 내게 암사슴처럼 사랑스러운 아내를 주셨고 그녀와 내 기도 응답대로 알콩달콩 함께 하나님을 의지하고 두 아들을 키우고 행복하게 삽니다. 하나님을 경외하는 아내를 얻은 자는 하나님께 큰 은총을 받은 사람입니다. 오늘도 이른 아침에 화장실에 가려고 동시에 침대에서 일어났습니다. 화장실에 다녀온 잠이 덜 깬 아내의 모습이 얼마나 예쁘고 사랑스럽고 귀여운지. 나는 "이리 와 봐요." 하고 내 품에 들어온 아내를 꼬옥 껴안았습니다. 우리 부부는 깊은 사랑에 푹 빠졌습니다.

당신도 아직 미혼자라면 하나님께 부탁하여 하나님을 경외하는 아내를 얻으십시오. 당신이 지금 기혼자라면 젊어서 취한 아내를 사랑해 주고 그 품에 만족하십시오. 지혜로운 아내를 얻은 자는 인생에서 수천수만의 군사를 얻은 것과 같습니다. 왕 같은 친구를 얻은 자와 같습니다. 아내가 해 주는 한 끼 한 끼의 밥은 호텔 밥보다 더 낫습니다. 아내와 관심을 두고 서로 대화하며 서로 위해주는 삶이 밖에서 많은 돈으로 취하는 그 어떤 것보다 행복하고 가치가 있습니다. 나는 아내를 나의 예수님께 얻은 것만으로도 내 소원 대부분이 좋은 것으로 만족하게 된 것입니다. 할렐루야!

의인은 그리스도를 통해 생명 안에서 왕 노릇 한다

잠을 마음껏 푹 자고 일어나 나만의 카페에 와서 성령님의 얼굴 보며 성령님의 기름부음에 따라 책 쓰는 이 시간은 솔로몬의 왕궁 생활보다 나는 훨씬 더 행복합니다. 오늘 아침 아내가 정성껏 차려준 가자미찜과 밥을 맛있게 먹었는데 나는 솔로몬이 누린 왕궁 음식보다 내 아내가 해 준 음식이 더 좋습니다.

아버지 하나님의 자녀들은 풍성한 은혜와 의(義)의 선물을 어제나 오늘이나 영원토록 그리스도께 받아 누립니다. 의인인 나에게 무한한 공급자 되신 예수 그리스도가 내 안에 계시기에 나는 거룩한 의의 은혜와 성령 충만의 은혜와 건강과 부요와 지혜의 은혜를 누리는 것입니다. 당신에게도 이 은혜의 부으심이 넘치고 있습니다. 우리 구주 예수 그리스도를 통해 생명 안에서 왕 노릇 하니까 덤으로 소원도 이루며 행복하게 사는 것입니다.

나는 그리스도 안에서 왕 노릇 합니다. 당신도 왕이니 왕 노릇 하며 행복하게 사십시오. 그 생은 하나님의 뜻입니다. 왕으로서 자존감을 갖고 생활하십시오.

"더욱 은혜와 의의 선물을 넘치게 받는 자들은 한 분 예수 그리스도를 통하여 생명 안에서 왕 노릇 하리로다." (롬 5:17)

나는 내 책 속의 왕입니다. 매일 제일 먼저 책을 읽으며 생각하고 생각 중에 깨달음을 얻고 깨달음을 책으로 쓰는 지혜의 왕이기 때문이지요. 나는 이런 삶이 왕 같은 삶이라고 말하고 싶습니다.

하나님 아버지는 내가 예수 이름을 의지하고 왕자로서 부탁한 소원에 다 만족하게 채워 주셨습니다.

내 소원이 만족하게 된 좋은 것은 무엇일까요?

첫째, 아내를 주셔서 의식주에 큰 만족을 누리며 살게 하신 것입니다. 평생 다정하게 함께 사는 나의 아내는 내 인생이 200% 행복을 누리게 합니다. 내가 100이고 아내가 100이니 200% 행복을 누리는 것입니다.

나는 아내가 매일 해 주는 음식이 제일 맛있는데, 호텔 음식보다 백 배나 더 맛있습니다. 아내와 함께 자고 두 아들과 함께 내 집에서 자고 깨니 호텔보다 백 배나 더 좋고 편안하고 행복합니다.

둘째, 두 아들을 주셔서 아빠로서 자식으로부터 누릴 수 있는 사랑의 기쁨을 누리며 살게 하신 것입니다. 셋째, 책 속의 왕인 창작가로 살게 하신 것입니다. 넷째, 부부와 가족이 서로에 대해 더 알아가므로 사랑이 깊어지는 것처럼 성령님께서 자신의 마음을 내게 더하시고 더해 주는 영적 지혜인 것입니다.

나는 영적 천재로 나의 천재적인 재능의 원천은 나의 구주 예수님이 십니다. 그분이 나의 인생을 새롭게 하셨습니다. 저 푸른 하늘을 위엄 있게 나는 제왕 독수리같이 하신 것입니다.

나는 매일매일 독수리같이 새롭습니다. 매일매일 천재적인 지혜 위에 지혜를 지혜의 근본이신 성령님께서 부으시기 때문입니다. 성령님은 자신에게 부탁하는 자의 소원을 만족하게 하십니다. 성령님은 예수 이름으로 내린 명령과 기도로 부탁한 소원을 만족하게 하시는 하나님이십니다.

당신도 우리 구주 예수 이름으로 하나님께 부탁하고 필요한 일엔 명령을 내리십시오. 그리하면 당신의 삶에 좋은 것들로 만족하게 될 것입니다. 할렐루야!

"내 영혼아 여호와를 송축하라 내 속에 있는 것들아 다 그의 거룩한 이름을 송축하라. 내 영혼아 여호와를 송축하며 그의 모든 은택을 잊지 말지어다. 그가 네 모든 죄악을 사하시며 네 모든 병을 고치시며 네 생명을 파멸에서 속량하시고 인자와 긍휼로 관을 씌우시며 좋은 것으로 네 소원을 만족하게 하사 네 청춘을 독수리같이 새롭게 하시는도다." (시 103:1~5)

많은 소원성취로 많은 생명나무 복들을 누려라

자기 생명나무를 700조 원처럼 여기라

"자기 생명을 사랑해도 미워해도 안 된다.
그러나 살아 있는 한 그 생명을 소중히 여기라."
- 존 밀턴(John Milton, 1608~1674)

성경에서 말하는 예수생명나무 복은 크고 놀라운 복입니다.

예수생명나무는 사람에게 생명을 주고 생명력을 부어 모든 막힌 것을 뚫는 생명의 능력이 되기 때문입니다. 그래서 나는 당신도 예수생명나무 복을 많이 누릴 것을 권합니다.

'행복은 멀리 있는 게 아니다.'
'성공과 행복의 파랑새는 집 안에 있더라.'

'행복은 많은 돈이 주는 게 아니다.'

당신은 위의 흔한 말을 어떻게 생각하십니까?

나는 "내가 왜 매일 살맛이 넘치고 생명력이 넘칠까?" 생각해 보았습니다. 그것은 다 하나님의 은혜인데 내가 큰 소원이나 굵직한 소원 성취에 목매고 사는 게 아니기에 그렇다는 것을 깨달았습니다. 큰 생명나무 되신 예수님만 바라봄이 큰 복인 것입니다.

나는 매일 생명나무 복을 누리며 산다

나는 이제 매일 생명나무 복을 누리며 삽니다. 어떻게 가능할까요? 내가 매일 바라는 소원을 성취하여 기뻐서 그렇습니다.

내가 제일 바라는 매일의 소원은 내가 좋아하는 카페에 아침밥을 먹고 가는 것입니다. 오늘도 나는 준비한 양상추 조금과 참치 조금과 계란 프라이 2개를 맛있게 먹었습니다. 단맛이 당겨서 정수 물에 꿀을 한 수저 섞어서 달달하게 먹었습니다. 왜요? 아침 먹는 게 대수냐고요? 아닙니다. 건강해야 아침밥도 매일 먹을 수 있습니다. 나는 전날에 충분히 내 몸에 맞게 운동을 했기에 오늘 아침 일어나서 건강한 식사와 건강한 용변을 본 후에 옷을 입고 가방을 메고 나만의 카페에 오게 된 것입니다. 목표를 갖고 일상을 매일 꾸준하게 살아갈 수 있다면 그는 능력자입니다. 자기가 바라는 삶을 매일 성실하게 살아낼 수 있는 사람은 영과 마음과 몸에 활력이 왕성하기에 가능한 것입니다.

나만의 카페에 와서 노트북 켜놓고 아메리카노를 마시며 "예수님, 사랑합니다. 예수님, 사랑합니다." 이렇게 고백하는 자는 세상에서 가장 강력한 생명나무 복을 누리고 있는 것입니다. 내 안에 창조주 예수님이 큰 빛으로 살아계시기 때문입니다.

나, 이화수가 제일 바라는 큰 소원은 매일 하루의 소중한 첫 시간에 예수님과 사랑의 대화를 하는 것입니다. 여종의 눈이 여주인의 손을 바람같이 언제나 내 영혼을 쫑긋 세우고 나의 눈을 반짝이며 만왕의 왕이신 나의 구주 예수 그리스도를 바라보는 것입니다. 아, 나는 지금 주님의 품 안에 있어 행복합니다.

이렇게 매일 기초적이고 중요한 소원을 성취하니 생명나무 복을 많이 누리는 게 당연하지 않을까요? 나는 그리스도 안에서 매일 책보고 생각하고 펜으로 깨달음을 추구하며 쓰고 메모하고 노트북으로 타이핑하며 다음에 출간할 나의 책을 쓰는 것이 세상에서 제일 기쁩니다. 며칠 전부터 한 건물이 차곡차곡 지어져 올라갔습니다. 나도 내 멋진 빌딩인 나의 책을 한 장 한 장 지어져 올립니다. 나의 책 빌딩은 123층짜리 빌딩보다 더 오래 이 땅에 남아서 더 멋집니다. 보통 오래 가는 빌딩이 100~150년이나 내 책은 1,000~1,500년을 가기 때문입니다.

내 인생의 기초적인 소원성취를 매일 하니 매일 마음에서 꿀 같은 기쁨이 샘솟습니다. 성령님이 넘치게 부으시는 이 꿀 같은 기름부음이 내게 생명력과 지혜와 돈 버는 능력과 살맛을 더해 줍니다.

나는 1년에 한두 번 큰 소원성취를 하는데 내 이름이 인쇄된 나의 책을 출간하는 일입니다. 나는 나의 분신인 책 출간을 할 때마다 큰 생명나무가 주는 생명의 큰 복을 누리고 있답니다.

나는 주말마다 중요한 가정 소원성취를 하려고 노력합니다.

오늘도 나는 가족 카톡에 "점심에 들어갈 때 소고기 사 갈게요. 울 가족 맛있게 구워 먹어요."라고 보냈습니다. 잠시 후, 이럴 땐 답장이 좀 빨라요. "좋아요!" 하고 릴리가 펄쩍 뛰면서 두 팔을 벌리고 하트를 뿜뿜 내뿜는 이모티콘을 아내가 올렸습니다. 살짝 웃었습니다. 마음이 더 행복해졌습니다.

나는 잠시 후에 짐을 정리하고 동네 단골 정육점에 가서 우리 가족이 좋아하는 소고기 3근을 사 갈 겁니다. 나는 사랑하는 두 아들과 내 아내와 내가 맛있게 점심 먹을 생각하니 행복하고 기쁩니다. 나는 예수님께 감사를 드렸습니다.

"이런 가정 생명나무 복을 자주 경험하며 살게 하시는 예수님. 영원히 감사합니다. 영원히 사랑합니다."

나는 당신도 나보다 더 많은 소원성취하여 하나님이 부으시는 더 많은 생명나무 복을 누리시길 주 예수 이름으로 축복합니다.

생명나무 복을 구하는 기도를 하라

나는 예전에 소원성취가 더뎌서 마음이 괴롭고 화가 났었습니다. 마음이 허탈함과 무기력에 빠지기도 했었습니다. 나는 이런 고통 없이 소원을 이루며 살기 원했고 나의 성령님께 지혜를 구했습니다.

"성령님, 사랑합니다."

"성령님, 제가 어떻게 해야 마음 상하지 않고 소원성취하며 생명나무 복을 풍성히 누리며 살 수 있을까요?"

잠시 후에 성령님이 내게 말씀하셨습니다.

"너는 나의 가지니 나와 연결된 소원을 가지면 된단다. 포도나무와 가지를 기억해라. 소원을 이루는 순서는 포도나무 되신 너의 주 예수님을 항상 의지하고 너는 가지임을 늘 기억하고 주님과 하나 되었음을 기억하는 것이란다. 그리하면 포도 열매, 곧 소원성취는 저절로 된단다."

나는 기뻐하며 주의 세미한 음성에 계속 귀를 기울였습니다.

"소원이 이루어지는 열매만 학수고대하지 말고 나의 얼굴을 보며 나를 항상 학수고대하면 마음이 상하지 않고 매일 즐겁게 소원이 성취되는 즐거움을 누리게 된단다."

150가지 소원을 적어 놓고 수시로 눈도장을 찍어라

한 가지 소원은 한 가지 소원성취의 즐거움을 줍니다. 70가지 소원은 70가지 소원성취의 즐거움을 누리게 합니다. 700가지 소원은 700

가지 소원성취의 즐거움을 누리게 합니다.

소원은 매사에 펼쳐 있습니다. 그걸 인식하며 소원을 가진 자가 그 소원성취에 대한 기쁨을 맛볼 수 있습니다.

행복은 먼 데만 있는 게 아닙니다. 행복은 큰 데만 있는 게 아닙니다. 행복은 한 사람에게만 있는 게 아닙니다. 하나님은 행복을 한 사람에게만 준 게 아닙니다. 소수에게만 주시거나 소수에게만 주는 분이 아닙니다. 떡 다섯 개와 물고기 두 마리로 여자와 어린이 외에 오천 명을 먹이신 하나님은 자기를 가까이하는 자에게 소원성취에 대한 행복을 주고 소원성취의 근원 되신 하나님 자신의 마음을 주십니다. 세상에서 제일 큰 소원성취는 제일 큰 생명나무 되신 하나님의 마음을 얻음인 것입니다.

소원성취가 생명나무와 같으니 기왕이면 우린 100가지, 500가지 소원을 가져야 합니다. 소원 1,000개는 생명나무 1,000그루이고 소원 10,000개는 생명나무가 10,000그루이기 때문입니다. 수목원처럼 10,000그루의 생명나무는 당신의 마음과 모든 삶에 햇살과 신선한 공기와 생명력을 더해 줄 것입니다.

일에 대한 소원성취보다 관계에 대한 소원성취를 크게 여기라

주 예수님과 시간마다 함께 함이 소원성취의 기쁨을 더해줍니다. 일에 대한 소원성취는 나의 본질이 아니기에 나는 나의 소원성취의 본질 되신 나의 포도나무 예수님을 더 귀하게 여깁니다. 나는 나의 구주 예수님과의 관계 소원성취를 제일 크게 여기는 것입니다. 이 큰 소원을 매일 성령님과 가짐으로 나는 매일 하나님과 관계에서 얻을 수 있는 큰 소원성취를 이루며 사는 것입니다.

오, 당신도 이런 복을 누리시길 축복합니다.

큰 복인 이 관계에 대한 소원성취는 세상 부귀영화가 줄 수 없는 것입니다. 우리 영혼의 큰 만족은 오직 하나님으로부터 나오기에 그렇습니다. 나는 소원성취의 과정이나 열매보다 예수님을 가까이하는 것을 더 소중히 여깁니다. 그런 나를 예수님이 사랑하신다 하셨고 내가 너의 소원성취를 위해 일하고 있다 하셨으니 나는 행복을 머금고 계속 성장하는 생명나무인 것입니다.

성령님은 내게 글로써 명확히 써서 기억하라 하셨습니다.

"소원에 대한 나와의 언약을 기억하라. 글로써 명확히 써 놓은 것들을 기억하라. 글로써 명확히 쓰고 팔에 매고 네 믿음의 눈에 보이게 하라."

나는 순종하여 나의 스마트폰과 나의 다음 카페와 나의 지혜 곳간에 잘 기록해 놓았습니다. 나는 나날이 다윗처럼 하나님과의 관계에서 강성해 가고 있습니다. 다 하나님의 은혜입니다. 성령님은 소원성취보다 더한 가치와 기쁨은 자신과 함께 하는 삶이라고 말씀하셨습니다.

"나로 인해 마음이 즐거운 자는 항상 잔치하느니라."
"소원성취보다 더 큰 기쁨과 가치는 너의 하나님과 교제함에서 얻는 언약의 말씀이란다."

오, 당신도 모든 일보다 크신 생명나무 하나님. 그분을 더 즐거워하십시오. 큰 생명나무 되신 주님과 살며 경험하는 사랑의 기쁨과 생명에 속한 가치들을 더 크게 여기십시오. 주 그리스도의 영이신 성령님이 생명나무 복들도 풍성히 누리게 하실 것입니다.

지식 없는 소원은 선치 못하다

"정신 차리고 보니 여기더라고요."

어떤 사람은 정신없이 소원성취를 위해 달렸는데 수십 년이 지났고 어느새 50대 후반이 되었답니다. 후회 없는 인생이면 좋겠는데 그가 후회하고 자책하고 있는 게 문제입니다.

인생은 정신을 바짝 차려야 한다

나도 예전엔 무작정 원하는 걸 일단 하고 봤습니다. 계획성 없이 했던 일은 나의 삶에 영양가가 없었습니다. 지금은 어떤 소원에 대해 정보를 먼저 구합니다. 내가 아는 지식을 동원해서 언제 어디서 어떻게 해야 하는지를 설계합니다. 그렇게 지식 있게 움직인 그 소원은 내게 좋은 이익을 주고 있습니다.

'남이 가니까. 나도 간다.'
'남의 떡이 커 보이니까. 나도 그걸 먹어야 한다.'
'남이 한 게 멋져 보이니까. 나도 그걸 하고 만다.'

오, 당신은 혹시 이렇게 살진 않습니까?
당신에게 소중한 인생은 한 번뿐임을 자각하십시오. 대책 없이 살지 말고 정신을 차리고 지식 있게 살아가십시오.

아는 소원이 힘이다

'아는 것이 힘'이라는 말이 있습니다. 나는 '아는 소원이 힘'이라고 말합니다. 모든 인생은 오늘도 자기가 바라는 삶으로 살고 있으니까요. 의식적이든 무의식적이든 말입니다. 그래서 그 일에 대해 알지 못하고 행함은 거의 유익이 없습니다. 마치 생각해 보지 않고 목적지 없이 집을 출발한 자와 같습니다. 〈영혼을 위한 닭고기 수프〉의 저자 마크 빅터 한센은 "돈에서 아이디어가 나오는 게 아니라 아이디어에서 돈이 나오는 것"이라 했습니다.

나는 산책을 해도 목적지를 정하고 집을 나섭니다. 목적지 없이 산책하면 걸음걸이와 마음 상태가 허리띠를 하지 않은 바지와 같아서 싫습니다. 뭐 사람마다 스타일은 다양하지만 나는 목적지를 정하고 산책할 때 더 행복합니다.

정보 있는 소원이 이익을 준다

정보가 없는 소원은 무익을 주나, 정보가 있는 소원은 더 나은 이익을 줍니다. 작은 예로 전에 나는 동네 곡식 가게에서 서리태 콩(작물의 생육 기간이 길어서 10월경에 서리를 맞은 뒤에나 수확할 수 있으며, 서리를 맞으며 자란다고 하여 서리태라는 명칭이 붙여졌다. 단백질과 식물성 지방질이 매우 풍부하고, 신체의 각종 대사에 반드시 필요한 비타민 B군과 니아신 성분이 풍부하다. 출처-네이버 국어사전)을 구입했습니다. 충청도에서 가져온 콩이고 좋은 콩이라 해서 샀습니다. 얼마 후에 나는 인터넷 검색을 하면서 같은 충청도에서 지역이 다른 서리태콩인데 가격도 30% 정도 더 저렴했고 먹어보니 구매 정보대로 품질이 훨씬 좋았습니다.

"여보, 역시 정보를 알아야 해요."
"맞아요. 알아야 더 좋은 걸 갖게 되고 돈도 절약하게 되네요."

전에는 즉흥적으로 옷, 신발, 가방 등을 구입했으나 지금은 며칠간 간간히 생각하면서 생각을 정리하고 정보를 더 확인하고 구입을 합니다. 얼마 전 유명 브랜드 40만 원대 새 옷을 5만 원에 구입했는데 내게 100만 원짜리 만큼 가치를 주는 옷이 되었습니다. 나는 그 옷을 입을 때마다 부요함을 누립니다. 아내도 "그 옷이 전에 옷보다 훨씬 좋아요."라며 잘 샀다고 칭찬해 주었습니다.

하나님을 아는 지식의 소원이 가장 좋은 소원이다

지식(知識)이란 '아는 것, 배우거나 실천하여 알게 된 명확한 인식이나 이해, knowledge'입니다. 가장 좋은 정보, 곧 지식은 하나님을 인격적으로 아는 지식입니다. 가장 좋은 지혜는 하나님을 경외하는 지혜입니다. 전능하신 하나님만이 당신을 가장 잘 아시며 당신에게 가장 좋은 것으로 만족하게 하십니다. 당신의 하나님을 아는 일에 힘쓰십시오.

'크신 하나님을 아는 지식에 큰 이익이 있기 때문입니다.'
'큰 의인의 이익과 큰 성령의 이익이 있기 때문입니다.'
'큰 건강의 이익과 큰 부요의 이익이 있기 때문입니다.'
'큰 지혜의 이익과 큰 가치의 이익이 있기 때문입니다.'

자기 소원에 대해 지식 없는 사람은 급하게 움직이게 됩니다. 그러다 보니 실수하게 되고 "나는 왜 실수투성이지?" 자책하게 됩니다. 계획성을 가져야 합니다. 계획성이 있을 때 시간을 아끼게 되고 돈 낭비하지 않게 됩니다.

자고로 급하게 먹는 떡이 체하는 법입니다. 그러니 어떤 소원에 대해 지식을 찾아 구해야 합니다. 하나님께 여쭙고 하나님이 주신 재능을 따라 정보를 찾고 계획을 잡고 실행해야 하는 것입니다.

하나님께서는 "지식 없는 소원은 선하지 못하고 발이 급한 사람은 잘못 간다."라고 말씀하셨는데 이는 바라는 소원에 대해 자세히 알지 못하고 행하면 낭패한다는 의미입니다. 하나님을 경외하지 않는 바람을 갖고 산다면 실수하게 되고 죄에 빠지게 된다는 말씀입니다.

"지식 없는 소원은 선치 못하고 발이 급한 사람은 그릇하느니라."(잠 19:2)

당신은 그리스도 안에 사람에게 유익을 주는 모든 지혜와 지식이 있음을 기억하십시오. 그리스도를 아는 지식이 가장 선함을 알고 오직 그리스도를 아는 지식에서 자라 가십시오. 그 선한 지식으로 즐겁게 소원성취하며 창대하게 될 것입니다.

당신과 나는 예수님의 소원성취다

'나의 나 된 것은 내 주 예수 그리스도의 소원성취다!'
'고로 나는 항상 기뻐하노라.'
'쉬지 않고 기도하며 범사에 감사하노라.'

당신은 내가 말한 이 선포를 보고 어떤 생각이 드나요?

자신이 예수님의 소원성취라니까 부담스럽나요? 아니면 자신이 예수님의 소원성취라는 사실에 행복한가요?

예수님의 소원은 모든 영혼이 예수님을 믿어 하나님의 자녀가 되는 것이고 자신이 보낸 성령님의 얼굴을 보며 천국같이 살다가 천국으로 입성하는 것입니다. 예수님은 그 소원을 위해 십자가에 매달려 죽으셨고 우리를 의롭다 하기 위해 사흘 만에 부활하셨습니다. 이는 우리 죗값과 저주 값을 자기 피로 다 치르신 것입니다.

예수님의 의인은 결코 정죄함이 없기에 늘 평안합니다.

나도 이 예수님의 소원성취대로 되어 매일매일 즐겁고 행복하게 삽니다. 또한 만나는 이들에게 이 천국 복음을 전하니 기쁨에 기쁨을 더하는 삶을 사는 것입니다.

그리스도의 소원성취로 된 복들을 억만금처럼 여기라

예수님의 소원성취가 된 의인에겐 무엇이 귀중할까요?

첫째, 하나님 아버지를 아는 큰 복입니다.

우리 주 그리스도의 아버지는 어떤 분인지 아십니까? '천지의 주재'이십니다. 곧 '하늘과 땅과 우주의 주인'이십니다. 그렇습니다. 우리 아버지 하나님은 온 우주를 만드신 창조주이시오. 큰 권능의 최고 통치자이신 것입니다. 예수님도 하나님 아버지를 우주 최고 총수라 부르셨습니다. "천지의 주재이신 아버지여…." (눅 10:21)

아버지께는 열방이 통 속에 한 방울 물과 같고 저울의 작은 티끌 같으며 섬들은 떠오르는 먼지와 같습니다. 천산생축과 금과 은 모든 좋은 것도 다 하나님의 것이며 벌레 한 마리도 그분의 다스림에 살며 기동하고 있습니다.

특히 아버지를 10살 때 잃고 의지 없이 살던 내게 구주 예수님의 아버지가 나의 아버지 하나님이 되신 진리는 내게 큰 의지가 되었습니다. 내게도 아버지가 생겼다는 그 하나만으로도 나는 삶에 큰 힘을 얻은 것입니다.

가난했고 무기력했고 무능력했던 나는 내게도 의지할 아버지가 있다는 것만으로도 나는 힘을 내어 나의 삶을 살아 내게 되었습니다. 육신의 아버지보다 억만 배나 크신 아버지로 인해 나의 눈은 우주와 이 땅에 충만한 영광의 하나님을 보게 되었고 하나님의 사랑을 보게 된 것입니다. 예수님은 자기 기쁜 뜻을 따라 죄 구덩이에 빠진 자를 자기 피로 깨끗하게 씻어 거룩하신 하나님의 자녀가 되게 하셨습니다. 예수님의 피로 성결한 의인, 곧 마음이 청결한 의인이 된 자는 하나님을 보게 되고 알게 된 사람인 것입니다.

헬런 애덤스 켈러(Helen Adams Keller, 1880~1968)도 나와 같은 고백을 했습니다. "나의 약점 때문에 오히려 나는 하나님께 감사한다. 이것을 통해서 나를 알았고 나에게 주어진 일도 알게 되었을 뿐만 아니라 내 하나님 아버지를 발견했기 때문이다."

당신도 혹시 참된 의지가 필요하다면 천지의 주재이신 아버지 하나님을 의지로 삼으십시오. 육신의 아버지보다 억만 배나 크신 아빠 아버지 하나님의 품속에서 누릴 수 있는 따뜻함, 안전함, 평안함을 경험할 것입니다. 나는 아버지 품이 제일 평안합니다.

예수는 그리스도시오 살아 계신 하나님의 아들이시다

둘째, 하나님의 아들을 아는 큰 복을 귀중히 여겨야 합니다.

당신에게 예수님은 어떤 분입니까? 사도들의 고백처럼 내게 예수님은 '그리스도시오. 살아 계신 하나님의 아들'이십니다. 그리스도는 구세주인데 나는 예수님의 소원대로 죄인에서 하나님의 자녀가 되어 주의 성취가 되었습니다. 하나님의 자녀 된 나는 과거와 현재와 미래의 죄에서 해방된 자유를 누립니다. 당신은 자신을 정죄하거나 죄책감에 살지 않아도 됩니다. 구주 예수 그리스도의 피가 당신을 자유롭게 했기 때문입니다.

나는 예수님의 소원대로 무기력한 사람에서 활력 있는 사람이 되었습니다. 내 삶의 모든 원동력은 내 가슴에 살아 계신 크신 그리스도이십니다. 나는 알았습니다. 예수님이 나의 대장이시오 왕이심을. 나는 보았습니다. 예수님이 나의 불이요, 지혜요, 방패요, 산성이심을. 나는 평생 믿습니다. 성령님이 나의 친구요, 회장님이심을. 성령님은 내게 기적의 하나님이십니다. 내가 매일 예수님을 사랑하며 예수님이 내게 말하는 사랑의 음성을 들려주시니까요. 나는 하루 중에 돈을 일억 버는 것보다 내 주님의 음성을 더 크게 여깁니다. 나의 큰 복은 하나님의 아들을 믿는 믿음입니다.

영적 세계를 보게 된 눈을 귀중히 여기라

셋째, 영적 세계를 보게 된 것을 소중히 여겨야 합니다.

예수님의 소원대로 택함을 받은 자는 영적 세계를 보는 눈이 열립니다. 사랑의 하나님. 구주 예수 그리스도. 보혜사 성령님. 영광스러운 교회. 성경이 믿어짐. 천국과 지옥. 우리 발아래 있는 원수 사탄과 귀신들. 이런 믿음의 눈을 갖게 됩니다.

그중에서 제일 큰 복은 무엇일까요? 그건 바로 성 삼위일체 하나님을 믿고 사랑하는 나, 그 이화수가 된 것입니다. A. W. 토저는 "나에게 가장 중요한 것은 내가 하나님에 대해 알고 있다는 것"이라 했습니다. 이는 세상 복보다 억만 배나 큰 복임을 알고 하나님께 감사하고 감사 해야 함을 알게 합니다.

육신의 생각은 사망이나 영의 생각은 평안과 생명임을 기억하고 영 적 세계를 보는 자기 눈을 귀하게 여겨야 합니다.

당신의 눈을 항상 성령님의 눈에 맞추십시오.

당신의 입을 항상 하나님의 아들 주 예수의 발에 맞추십시오.

온 천하보다 귀한 것이 당신과 나의 영혼입니다. 만약 영적인 것을 그리스도 복음을 통해 못 봤다면 당신과 나는 천국과 지옥이 있음을 알지도 못하고 세상을 떠났을 때 지옥 불에 떨어졌을 것입니다. 하지 만 하나님의 사랑으로 지금 당신과 나는 예수님을 구주로 믿고 천국 의 시민권을 획득했으니 이 얼마나 놀라운 복인가요?

기독교에서 최고로 영적인 것이 무엇인지 아십니까?

그건 바로 "주는 그리스도시오, 살아 계신 하나님의 아들"이라는 진 리를 믿는 것입니다. 믿는다는 것은 봤다는 의미입니다.

하나님의 은혜로 눈에 비늘이 벗겨져 영광의 주를 보게 된 것입니 다. 성령과 성경으로 예수님이 너무 좋으신 분임을 봤으니까 주님으로 믿고 따르게 된 것입니다.

하나님은 나의 의인은 오직 믿음으로 살리라고 말씀하셨습니다. 누 가 하나님이 말씀하신 것에 가감할 수 있을까요? 누구든지 주의 이름 을 부르는 자는 구원을 받으리라고 선포하신 분은 바로 하나님이십 니다. 예수님은 자신을 보고 사랑하는 자의 영혼과 마음과 육신과 생활의 가난 구덩이에서 구원하시어 가장 좋은 것으로 부요하게 하시는 분이신 것입니다. 우리는 예수님을 보고 믿고 따름으로 전보다 억만 배의 복을 받은 것입니다.

당신과 나는 세상에서 제일 좋은 소원성취자임을 기억하며 항상 감사합시다. 예수님은 제자들을 돌아보시며 자신을 알고 영적인 것을 보는 제자들에게 "너희가 보는 것을 보는 눈은 복이 있다." (눅 10:23)라고 말씀하셨기 때문입니다.

풀의 꽃과 같이 금방 없어질 세상 유명인을 아는 것보다 예수님을 아는 눈이 가장 귀한 눈입니다. 하나님을 모르고 자기 영혼에 유익하지 않은 지식과 지혜만 볼 줄 아는 눈보다 솔로몬에게 지혜를 주셨던 천재 중의 천재이신 예수님을 볼 줄 아는 눈이 세상에서 제일 지혜 있는 눈입니다.

없어질 세상 지식보다 예수님을 아는 지혜가 억만 배나 가치 있습니다. 썩어질 육신보다 썩지 아니할 내 영혼이 억만 배나 값어치 있습니다. 지구에 있는 모든 돈보다 우주에 있는 모든 보석보다 억만 배에 억만 배나 가치 있는 하나님을 아는 지혜가 더 가치 있습니다. 지식이 아니고 이론이 아니고 관념이 아닌 인격적인 앎으로 성 삼위일체 하나님과 하나로 사는 그 영혼이 제일 가치 있고 소중한 것입니다. 청교도 목사 토마스 아담스가 "삼위일체를 연구하는 것은 경솔한 행동이요, 그것을 믿는 것은 경건한 태도요, 그것을 선포하는 것은 영원한 복"이라 한 것에 항상 기뻐하십시오.

당신이 예수님의 소원성취로 의인이 되었음과 성령님의 은혜로 영적 세계를 보고 오늘도 하나님의 사랑하심과 인도하심 속에 살고 있다면 항상 기뻐하십시오. 당신은 세상에서 최고로 행복한 사람입니다. 아무것도 염려하지 말고 하나님만 바라보고 오늘도 하나님이 하라 하신 그 일을 하며 행복하게 사십시오.

그래도 됩니다.

당신은 크신 하나님 구주 예수 그리스도의 귀중한 열매니까요.

Part 2

이것이 즐겁고 복된 소원의 항구다

당신의 삶도 가치 있는 삶이어야 한다

나의 삶은 가장 가치 있는 생이다

당신은 가치 있는 삶을 살고 있습니까?

나는 나의 삶이 가장 가치 있는 생임을 확신합니다. 내가 하나님의 복음 전도자로 영혼의 구원을 위해 살기 때문입니다.

전에는 무가치한 삶을 살았습니다. 하나님을 경외할 줄 몰랐고 영혼을 사랑할 줄 몰랐기 때문입니다. 청년 때에 광고 인쇄하는 직장에서 일하며 돈을 벌었습니다. 그때는 번 돈과 가진 시간을 관리하거나 저축할 줄 모르며 무가치하게 살았습니다.

지금은 세상에서 가장 가치 있는 삶을 살고 있습니다. 온 천하보다 귀한 한 영혼, 한 영혼을 구원한다는 마음으로 책을 써서 책으로 전도하고 여러 가지 방편으로 전도하기 때문입니다.

며칠 전 일입니다. 평소에 인사 정도 하며 알고 지내는 분이 나보고

"뭐 하는 분이세요?"라고 묻더군요. "네, 저는 책을 쓰는 작가예요." 했더니 써낸 책 제목이 뭐냐고 물어봤습니다.

나는 성령님께 여쭙고 스마트폰으로 검색해서 뜬 내 책 이미지를 보여 주었습니다. "이게 제 책입니다. 〈두려움 없이 사는 비결〉입니다." 그가 말했습니다. "표지도 그렇고 제목도 마음에 드네요. 내가 전부터 많은 두려움 가운데 살고 있는데 읽으면 도움이 될 것 같네요. 안 그래도 친한 친구가 좋은 책을 보면 좋다고 해서 무슨 책을 읽을까 생각하고 있었어요."

그는 며칠 후에 책을 쓰는 내게 와서 사인 좀 부탁한다고 하여 나는 "성령님, 어떤 내용으로 쓸까요?" 여쭙고 성령의 감동을 따라 감사한 마음으로 축복 사인을 해 주었습니다.

그의 책을 사인하려고 잠시 봤는데 독서한 페이지에 붙은 메모지에 메모가 되어있었고 밑줄을 그어가며 읽은 흔적이 보였습니다. 나는 그 흔적에 감사했고 감격했고 보람을 느꼈습니다.

나는 하나님 앞에서 얼마나 기뻤는지 모릅니다.

나는 그에게 책을 홍보했을 뿐이지만 그 책에 담긴 복음과 삶의 지혜가 그를 변화시키리라는 기대에 설레었습니다.

한 장짜리 종이로 지혜를 전하는 건 일회성이지만 영혼을 살리고 살찌우는 복음이 담긴 내 책은 이제 그분의 서재에서 그분과 수십 년을 같이 할 것입니다.

당신도 당신의 분신을 만들어 천 년 동안 영혼들을 그리스도께 중매하십시오. 얼마나 가슴이 설레고 짜릿한 가치 있는 일인지 모릅니다. 이렇게 나는 만나는 이의 영혼을 봅니다. 그가 예수를 믿는지 안 믿으면 복음을 설명하며 그리스도께 그를 중매해 줍니다. 예수를 구주로 영접하도록 돕습니다. 예수를 믿는 자라면 은혜의 복음을 더 깨닫고 더 잘 살도록 영적 지혜를 들려줍니다.

하나님은 당신에게도 분량대로 직분을 주셨습니다. 성령님과 함께 그리스도 복음을 위해 사십시오. 내가 반세기 인생을 살아 본 결과 그보다 가치 있는 일은 없습니다. 인생의 가치를 모르는 자처럼 인생을 낭비하지 마십시오. 자콥 보바트가 말한 "어떤 가치 있는 행동을 하지 아니한 날, 그날은 잃은 날"처럼 살지 마십시오. 이 세상도 정욕도 다 지나가되 오직 하나님의 뜻을 행하는 자는 성령으로부터 영생에 속한 영적 가치를 얻게 되기에 그렇습니다.

하나님은 얼마나 자비로우신 분인지 의인으로 하여금 가장 가치 있고 존귀한 삶을 살게 하십니다. 또한 그 삶을 살아 낼 수 있는 가치 있는 모든 자원을 주셨습니다. 성령도 하나요. 믿음도 하나인 의인들에게 각자에게 맞는 은사를 주셨습니다. 내겐 구주 예수님 자체가 나의 모든 생의 자원이십니다. 당신도 하나님께 받은 하나의 은사도 가볍게 여기지 말고 귀중하게 여기십시오. 은사에 은사가 나타나며 성령의 나타남 속에서 능력 있게 살게 됩니다.

의인은 가치 있는 세트 선물을 받았다

당신은 하나님께 세트 선물을 받았음을 아십니까?

예수님은 당신과 나에게 영생과 직분과 권능, 곧 세트 선물을 주셨습니다. 그렇습니다. 당신과 내 안에 이미 성령의 권능이 있음을 확신하십시오. 예수님은 내게 성령을 보내셨고 사람을 낚는 어부가 되게 하셨습니다. 이는 사람을 낚으며 가장 가치 있는 삶을 살도록 권능도 덤으로 주신 것입니다.

나는 하나님의 은혜로 평생 복음 전도자로 하나님의 종이 되었습니다. 하나님은 내게 이 시대에 최고로 좋은 문화의 옷을 입혀 주셨는데 그건 복음 작가라는 옷입니다. 이 옷은 하나님이 내게 입혀 주신 고귀한 옷입니다. 나는 나의 신분이 자랑스럽습니다.

책 쓰는 복음 작가로 복음 전파하는 나는 큰 가치가 있는 어부입니다. 온 천하보다 귀한 한 영혼을 낚아 그리스도께 중매하기 때문입니다. 나는 펜으로 영혼을 낚는 작가 어부인 셈이죠. 펜으로 만든 수천, 수만 줄로 된 촘촘한 진리의 그물로 불쌍한 영혼이 사탄의 거짓된 떡밥을 물지 않게 하고 그리스도께 인도해 줍니다.

전에는 일하는 목적이 그냥 먹고 산다는 평범한 가치였다면 지금 일하는 목적은 큰 가치의 영혼을 구원하기 위함입니다.

일하는 것도 여러 가지 방법으로 돈을 버는 것도 영혼을 위하는 마인드로 한다면 거기엔 성령의 나타남이 있게 됩니다. 성령님은 복음을 전하는 나를 가만두지 않으십니다. 나를 도우시고 내게 말씀하시고 나를 격려하시고 지혜와 용기를 주셔서 행하게 하십니다. 어린아이 때는 알기만 하는 믿음이었다면 지금은 전도에 필요한 일은 믿음으로 행하여 성취해 버립니다. 어느새 성령님은 내가 믿음에 장성하여 살도록 성장시켜 주신 것입니다.

성령이 임한 사람은 더 큰 가치의 꿈에 눈을 뜰 필요가 있습니다. 아니, 성령의 사람은 자동으로 성령이 꿈꾸게 하시므로 성령의 꿈과 환상을 보게 됩니다. 그것은 천국의 시민권이 없는 지구상의 많은 사람에게 생명의 복음을 전해 주고 그들이 예수님을 믿어 영원한 가치가 있는 영생에 이르는 영광을 보는 것이지요.

성령이 임한 당신도 영혼의 가치에 눈을 뜨십시오.

누구든지 세상을 사랑하면 그 속에 아버지의 사랑이 없다고 말씀하셨습니다. 그 가치를 알고 그 황홀한 일에 충성을 다하십시오. 하나님이 당신을 기뻐하시며 큰 복을 더하실 것입니다.

·

귤로장생? 불로장생! 이야기

귤로장생? 불로장생!

"귤로장생? 어디서 많이 듣던 용언데."
"아, 불로장생. 맞다, 불로장생이지."

나는 귤로장생이란 말이 재밌어서 살짝 웃었습니다.

카페로 오는 중이었는데 한 과일 가게에서 장사할 상자를 정리하고 있었습니다. 한쪽에 열 박스 정도가 진열되어 있었는데 귤로장생이라는 글자가 눈에 확 띈 것입니다. '이 귤을 먹으면 불로장생하니까 많이 사 드세요.'라는 의미로 이해했습니다.

유튜브 광고 중에 한 기업에서 120년간 국민의 건강을 위해 일해 왔노라고 강조하는 광고를 보았습니다.

역시 요즘도 사회의 큰 관심사 중 하나는 건강입니다.

그리스도 안에 있는 영생을 사모하라

왜 사람들은 불로장생과 불사영생을 꿈꿀까요?

하나님은 사람들에게 영원을 사모하는 마음을 주셨기 때문입니다. 때문에 부지중에도 장수하고 영원히 늙지 않고 건강하고 영원히 사는 영생을 소원합니다.

나도 청년의 때에 영원을 간절히 사모하게 되었습니다.

그때 나는 인생이 무엇이고 나는 도대체 누구이고 어떻게 살아야 하는지 그것을 알고 싶어 갈급했었습니다. 목마른 사슴과 같은 나였습니다. 나는 죽음이 무서웠습니다. 죽음과 비슷한 어둠이 싫었습니다. 귀신, 사탄, 중환자실의 환자들 등등 나는 죽음이 무서웠습니다. 나도 영원히 행복하게 살고 싶었습니다.

가끔 천국과 천국의 아름다움과 영원성을 듣노라면 그렇게 천국에 가고 싶었습니다. 그런데 나는 성령님의 은혜로 예수 안에 영생이 있음을 깨닫게 되었습니다. 성령님은 나를 감동 감화 하셨고 복음의 메시지를 들을 때마다 나를 감동케 하셔서 결국 예수를 내 구주로 믿게 하셨습니다. 영생이신 예수님이 믿는 내게 자신의 영원한 생명을 주신 것입니다.

"아들을 믿는 자에게는 영생이 있고 아들에게 순종하지 아니하는 자는 영생을 보지 못하고 도리어 하나님의 진노가 그 위에 머물러 있느니라." (요 3:36)

영생의 영약은 그리스도 안에 있다

당신은 어떻게 하면 사람이 영생할 수 있는지 아십니까?

그 진리는 누구라도 예수님을 믿기만 하면 되는 것입니다.

당신이 예수님을 믿으면 영생을 소유하게 됩니다. 그는 멸망하지 않고 하나님 안에서 영원토록 빛과 사랑 안에서 삽니다. 예수 그리스도 안에 영생의 지혜와 지식의 모든 보화가 다 있습니다.

늙지 않고 오래 살기 바라는 불로장생의 꿈이든 죽지 않고 영원히 살고 싶은 불사영생의 꿈이든, 그 지혜는 다 예수 안에 있음을 믿으십시오. 그렇다면 그 영생의 복을 어떻게 해야 내 것으로 만들 수 있을까요? 그 비결은 유일하신 참 하나님과 그가 보내신 자 예수 그리스도를 알면 됩니다.

"영생은 곧 유일하신 참 하나님과 그가 보내신 자 예수 그리스도를 아는 것이니이다." (요 17:3)

'아는 것'은 원문으로 기노스코(γινώσκω)입니다. 이는 부부가 비밀스럽게 서로를 깊이 알듯이 하나님과 서로 깊이 아는 것을 의미합니다. 기노스코는 서로를 잘 알고 인지하는 것이며 남녀 사이의 성교에 대한 유대적인 표현법이며 하나님과 인격적인 사귐을 갖는다는 말인 것입니다.

인격적인 교제로 내가 하나님을 알고 하나님은 나를 아는 상태입니다. 나도 처음부터 성 삼위일체 하나님에 대해 지금처럼 많이 알지 못

했습니다. 크신 하나님 앞에 갓 태어난 갓난아기 수준이 있고 육신의 아이가 자라듯 의인도 날이 갈수록 점점 하나님을 아는 지식에서 자라가는 것입니다.

부부가 서로 사랑이 깊어지면 더 풍성한 기쁨과 복을 누립니다. 하나님의 영 성령님과 사랑이 깊어지면 영적 육적으로 풍성한 복들을 누리게 됩니다. 부부도 결혼하면 시간이 지나감에 따라 서로에게 편한 존재가 됩니다. 처음에는 이게 맞지 않네? 저게 맞지 않네? 하고 싸운 적도 있었습니다. 아이가 대학생이 된 지금은 서로 참 편안합니다. 이처럼 나는 하나님을 무서운 분으로 알았으며 하나님과 사귀기가 너무너무 힘들었습니다. 하지만 지금 나는 하나님 아버지와 구주 예수님과 보혜사 성령님과 아주 편안하게 삽니다. 풍성한 영생의 부요를 누리며 삽니다.

나는 영생을 다음과 같이 정의합니다.

첫째, 예수 생명을 얻어 영원히 영광의 부활체로 하나님 안에서 행복하게 산다.

굳이 영원히 존재하는 걸 영생이라 한다면 지옥 불에 떨어진 자도 영원히 존재하니 영생한다 할 수 있습니다. 그러나 구주 예수 그리스도의 생명으로 된 영생은 그리스도의 영광을 덧입은 영광스러운 형체를 가진 영생입니다. 별의 영광이 다르고 해의 영광이 다르듯이 그 무엇과 비교할 수 없는 해처럼 빛나는 영광의 영생의 형체인 것입니다. 주 그리스도께서 의인들의 낮은 몸을 자기 영광의 몸의 형체와 같이 변하게 하실 것입니다. "우리의 낮은 몸을 자기 영광의 몸의 형체와 같이 변하게 하시리라." (빌 3:21)

둘째, 성령과 함께 영생을 얻는 일에 동업해서 영생에 연결된 썩지 아니할 가치를 얻는다.

육신을 따라 행하면 육신으로부터 썩어질 것을 거둡니다.

성령님과 동업하며 복음을 전하면 성령으로부터 영생에 관계된 복들을 얻게 됩니다. 천국과 이 땅에서 상을 받을 것입니다. 하나님은 심는 이와 물 주는 이가 한가지이나 각각 자기가 일한 대로 상을 받는다고 말씀하셨습니다.

당신은 예수를 믿어 영생과 영생에 속한 복을 누리십시오.

실제로 예수 믿고 성령을 받은 사람은 성령님과 함께 꿈을 꾸며 황홀하게 삽니다. 그런 말이 있죠. 꿈이 있는 사람이 청년이다. 실제로 성령님의 평강으로 주장하심을 받는 자는 평생 평안하고 나이보다 젊고 건강하게 삽니다. 당신도 이런 행복 누리길 바랍니다.

당신이 성령님과 인격적으로 더 깊어지기를 기도합니다. 그 교제로 말미암아 영생의 복인 의와 평강과 희락과 건강과 부요와 가치를 많이 누리시길 축복합니다.

소원의 항구란 무엇일까?

자기가 바라는 목적지가 소원의 항구다

소원의 항구란 자신이 바라는 그 목적지를 말합니다.

자기가 그토록 바라던 목적을 이룬 것이 곧 소원의 항구에 도착한 것입니다. 소원성취한 자는 이제 더 이상 죽어도 여한이 없다고 말하는데 이는 곧 절실히 바라던 목적을 이룬 것을 말합니다.

바라는 소원이 무엇인지 정확히 아는 사람이 소원성취의 시작과 진행과 마무리, 곧 목적지까지 정합니다. 그는 무슨 일을 계획할지라도 그 걸음을 인도하는 하나님께 맡기고 계획하며 삽니다.

성령님은 어떤 분이실까요? 성령님은 자기 이름을 위해 의인들을 의의 길로 인도하시는 고마우신 하나님이십니다. 그분은 오늘도 자기 자녀들이 바라는 항구로 인도하고 계십니다.

"여호와께서 저희를 소원의 항구로 인도하시는도다." (시 107:30)

위의 항구는 '마호즈(מָחוֹז)'라 하며 '도시, 피난처, 안식처, to their desired haven(NIV)'을 말합니다. 살아 계신 성령님이 의인들이 바라는 안식처로 인도하신다는 의미입니다. 아니, 믿음이 충만한 자는 이미 그리스도의 은혜로 그 항구에 있음을 믿는 자입니다. 그렇습니다. 그리스도 안에 있는 자는 이미 인생의 최종 안식처와 목적지에 있는 것입니다. 할렐루야! 주님께 영광 돌립니다.

무엇을 하든 목적지를 정하고 하라

나는 전에 돈이 필요해서 직장에 다니며 돈을 벌었습니다.

그땐 돈 벌어 어디다 써야 하는지 목적이 없었기 때문에 돈이 모이지 않았습니다. 하루살이처럼 수입이 들어오면 즉시 써 버렸습니다. 월급을 타면 삼일천하로 돈을 다 지출했습니다. 그러다 보니 월급날은 아직 멀었는데 돈이 없으니 가불해서 돈을 다 쓴 적이 많았습니다. 생각해 보면 "아이고, 아까워라. 힘들여 번 돈을 그땐 왜 그렇게 목적 없이 썼을까?" 하는 아쉬움이 컸습니다.

지금은 돈의 용도를 정해 놓고 관리하니까 종류별로 돈이 모여 있습니다. 목적 있게 돈을 사용하니까 들어온 돈을 바가지에 물 새듯 헛되이 지출하지 않게 되었습니다. 돈 댐 수문을 굳게 닫아 놓고 성령님께 여쭙고 필요할 때 열어 돈을 사용합니다. 당신도 돈을 사용할 때 댐 경영하듯 경영하면 항상 부요함을 누릴 것입니다.

산책을 할 경우도 비슷합니다. 전에는 산책을 할 때 목적지를 정하지 않고 했습니다. 그랬더니 '내가 뭐 하다 왔나?' 싶을 정도로 후회스러운 산책을 경험했습니다. 목적지 없는 산책은 눈에 총기도 없고 소원을 이루어 가는 설렘도 없었습니다. 쓸데없이 한눈만 팔다가 힘없이 귀가하게 됩니다.

나는 '앞으론 목적지를 정하고 산책 다녀와야지' 하고 실천하니까 눈에 총기가 있어 눈빛이 독수리눈처럼 빛이 났고 건강하게 걷는 나를 의식하게 되었습니다. 산책해서 건강을 저축하고 소소한 일상 목적도 달성하니 즐거움이 더해서 좋습니다.

이처럼 돈을 벌든, 돈을 쓰든, 산책하든, 사람 만나든, 직장 생활하든 소원과 연결되는 목적이 있어야 좋다는 말입니다.

일상에 목적을 더하여 플러스 행복을 더 누려라

나는 소소한 일상에서 움직일 때 나의 소원을 이루는 목표를 갖습니다. 계획을 세웁니다. 계획대로 이룰 준비하고 실천합니다. 그리하면 평안히 소원을 이루게 됩니다. 소원을 이루니까 행복합니다. 누가 기쁨 가운데 소원의 항구에 도착할 수 있을까요?

첫째, 그리스도 복음의 평온함에 거하는 자입니다.

성령님께서는 자기에게 믿음으로 구한 자를 소원의 항구로 인도해 주십니다. 의인은 믿음으로 계획을 세우고 성령님은 자기 이름 위해 그를 반드시 인도해 주십니다. 이때 의인은 오직 믿음으로 끝까지 성령님을 신뢰해야 합니다. 성령님께서 의인을 소원의 항구로 인도하시기 전에 먼저 단계를 거치는데 그것은 그리스도 복음이 비추는 평온함에 거하게 하시는 것입니다.

예수님은 우리에게 불안 대신 평안을 주셨습니다. 전쟁 대신 평화를 주셨습니다. 혼란 대신 평온함의 복들을 주신 것입니다.

당신도 주 그리스도가 주신 평온함을 누리고 있지요? 그렇다면 지금 당신도 기뻐하며 소원의 항구로 가고 있는 것입니다.

둘째, 주님 되신 그리스도와 함께 자고 깨는 자입니다.

나는 나를 구원하사 그리스도와 함께 일으켰고 그리스도와 함께 하늘에 앉히신 나의 하나님을 굳게 믿습니다. 성경의 약속이 이 믿음을 더 굳세게 합니다. "허물로 죽은 우리를 그리스도와 함께 살리셨고 또 함께 일으키사 그리스도 예수 안에서 함께 하늘에 앉히시니." (엡 2:5~6) 여기서 '살리셨고, 일으키사, 앉히시니'는 모두 과거형으로 되어 있습니다. 이미 그리스도께서 십자가에서 죽으시고 부활하심으로 우리에게 '구원과 부활과 왕 노릇' 할 수 있는 복들을 주신 것입니다. 믿는 자만이 이 복들을 누립니다.

당신과 나는 예수님의 피 값으로 하나님이 사신 바 되었습니다.

우리 소유권은 하나님께 있습니다. 어떻게 살아야 할까요?

예수 복음을 전하는 일에 우선순위를 갖고 평생 헌신했던 백화점 왕 존 워너메이커(John Wanamaker, 1838~1922)는 "목적 없이 산다는 것은 위험한 일이다. 또한 목적이 있더라도 그것이 낮은 것이라면 역시 위태롭다. 왜냐하면 목적이 희미하거나 있어도 낮은 것은 죄악에 가깝기 때문"이라 말했습니다.

절망과 괴로움과 아픔을 주는 세상에 나는 미련 없습니다. 나는 은혜의 복음을 깨닫고 그 복음을 굳게 믿게 된 후로 오직 나의 주님 그리스도와 함께 자고 깨기를 즐거워하며 삽니다. 그러다 보니 어느새 나의 큰 소원인 나의 저서들이 계속 출간되고 있습니다.

나의 평생 큰 소원은 나를 살렸고 나를 영원히 평온하게 한 그리스도 복음을 사랑하고 그 복음을 이웃에게 전하는 것입니다. 나는 이웃의 옆에 예수 복음이 확실히 거하도록 자비로 책을 써내어 그들에게 선물로 주는 것입니다.

'영혼의 소원의 항구는 구원받음입니다.'
'마음의 소원의 항구는 소원성취하며 꿈 같이 사는 것입니다.'
'육신의 소원의 항구는 유쾌하고 상쾌함에 거하는 것입니다.'
'생활의 소원의 항구는 행복한 습관으로 사는 것입니다.'

당신도 항상 주의 영이신 성령님과 자고 깨고 자고 깨십시오.

주 성령님을 믿고 사는 중에 성령님이 친히 당신이 바라는 항구로 인도해 주십니다. 아무것도 염려하지 말고 오직 모든 일에 기도와 간구로 예수 이름으로 성령님께 아뢰십시오. 인생의 폭풍인 죽음과 불안과 염려를 잠잠케 하셨고 고요한 기쁨 중에 살게 하신 우리 사랑 구주 예수님을 항상 의지하십시오. 당신이 바라는 대로 기뻐하며 소원의 항구에 도착할 것입니다.

나 자신 너머 그대를 위한 소원의 항구로

기도함과 말씀 사역에 힘씀은 아름다워서이다

당신은 무엇을 위해 기도하고 말씀 사역에 힘씁니까?

나는 나 자신 너머 있는 소중한 그대를 위해 힘씁니다. 나 자신은 이미 모든 은혜가 넘치고 있습니다.

내게 그리스도의 의가 한강처럼 가득하여 흘러넘치고 있습니다. 내게 그리스도의 성령이 한강처럼 가득하여 흘러넘치고 있습니다. 내게 그리스도의 건강이 한강처럼 가득하여 흘러넘치고 있습니다. 내게 그리스도의 부요가 한강처럼 가득하여 흘러넘치고 있습니다. 내게 그리스도의 천재적인 지혜가 한강처럼 가득하여 철철 흘러넘치고 있습니다.

그렇다면 나는 왜 기도하는 일과 복음 전파를 위해 힘쓸까요?

그건 이웃들도 나처럼 예수 믿고 구원의 복을 받으라고 하는 것입니다. 이 복이 너무 좋아서 전해 주고 싶은 것입니다.

예수님은 자신에게 부족한 것이 없고 항상 모든 은혜가 충만하셨지만 습관을 따라 기도하셨습니다. 왜 그러셨을까요?

아버지의 뜻을 온전히 행하고 자신의 영이 강해져서 복음을 전하고 귀신을 내쫓고 병을 고치기 위해서였습니다.

하나님의 아들이신 예수님이 왜 사람의 몸을 입고 이 땅에 오셨으며 왜 고난을 자처하셨으며 왜 한적한 곳에 가셔서 기도하셨으며 왜 이 마을 저 마을 다니며 복음을 전하셨을까요? 우릴 구원하기 위해서입니다. 그 결과 2천 년이 지난 지금 그 열매로 우리가 예수님을 믿어 하나님의 자녀들이 된 것입니다. 할렐루야!

어떻게 하면 기도하는 일과 말씀 사역에 힘쓸 수 있을까요?

첫째, 성령의 인도를 따라 기도하면 됩니다.

성령님은 변하지 않는 습관을 갖고 있는데 의인들을 변함없이 사랑하시고 인도하신다는 것입니다. 결국 나도 기도에 성실하신 예수님을 본받아 성령의 인도에 따른 기도함의 습관을 가졌습니다. 매일 그 습관을 따라 영으로 기도하고 마음으로 기도하고 영으로 찬미하고 마음으로 찬미합니다.

이 길은 아름다운 길이라 영광스러운 풍경과 고상한 향기가 납니다. 이 길은 아주 쉽고 가벼운 길이라 사슴처럼 산책하듯 가볍게 사랑하는 성령님과 걸어가면 됩니다.

전능하신 성령님의 인도하심을 받아 가다 보면 어느새 기도와 복음 전파에 힘쓰지 않으면 싱거운 인생이란 걸 깨닫게 됩니다. 나 같은 경우는 누가 뭐래도 기도함과 복음 전함 안에서 누리는 영광 속에서 항상 살고 싶어 더 기도하고 복음을 전하게 되었습니다.

기도함과 복음 전함은 복이 넘치는 가치가 있다

넘치고 넘치는 복된 가치가 기도함과 복음 전함에 있습니다.

내가 습관을 따라 기도하는 이유는 내 영을 강하게 하기 위함입니다. 이것은 비행기가 지상에서 이륙하여 마침내 고공에 이르러 고요히 고공비행을 하는 것과 같습니다. 처음엔 나 자신을 넘어 이웃을 위해 영을 강하게 했지만 기도함과 복음 전함을 반복함으로 나는 결국 지속적으로 영이 강한 사람으로 살 수 있게 되었습니다.

영이 강한 사람은 육을 복종시켜서 지속적으로 생명과 평안한 삶을 누립니다. 영이 강한 사람은 마음을 복종시켜서 하나님을 기쁘시게 하는 영적인 마음을 갖고 삽니다.

학생을 가르치는 교수는 가르침에 가르침을 더하여 가르침에 강해지게 됩니다. 청중에게 강연하는 강연가는 강연함과 강연함을 더하여 강연에 강한 자가 됩니다. 복음 전도자인 나는 기도함과 복음 전함에 기도함과 복음 전함을 더하여 더 강인한 복음 전도자로 더 행복하고 더 부요하게 사는 것입니다.

육신의 생각은 하나님을 기쁘시게 할 수 없습니다. 하나님의 큰 은혜는 예수님 안에 모든 가치가 있으니 그를 믿으면 된다는 것이지요. 하나님의 일은 단순합니다. 하나님께서 보내신 자, 곧 우리 구주 예수 그리스도를 믿는 일입니다. 나는 나의 구주시오 신랑 되신 예수님을 믿으니까 그분을 많이 사랑합니다. 그분을 사랑하니까 그분의 가치 곧 영혼 구원 위해 오셔서 하신 일을 나도 평생 하게 된 것입니다.

어린아이 때는 그게 무거운 짐인 줄 알았습니다. 하지만 큰 은혜의 복음을 깨닫고 나선 얼마나 그 짐이 가볍고 쉬우며 가치와 행복과 즐거움이 있는 길인지 압니다.

오! 나는 평생 즐겁게 달려갈 길이 있어 행복합니다.

나는 자신 있게 나 자신 너머 서 있는 당신에게 권합니다.

구주 예수님과 사도들처럼 오로지 기도하는 일과 말씀 사역에 힘쓰는 삶이 되십시오. 네? 나는 사업가인데요? 나는 직장인인데요? 나는 학생인데요? 나는 교사인데요? 나는 자영업자인데요?

내가 말하는 건 당신의 외형이 아니라 기도하고 말씀 사역에 힘쓰겠다는 중심을 먼저 말하는 것입니다. 성령님의 마음에 합한 자였던 다윗처럼 영혼 구원에 대한 중심을 성령님께 드리면 성령께서 당신을 도우심으로 당신은 능히 복음 전하는 자로 무슨 일이든 행할 수 있을 것입니다.

영혼 구원하는 기도와 복음 전함에 영원한 가치가 있습니다. 하나님의 칭찬이 있습니다. 영혼에 하나님의 영광이 터져 나옵니다. 온몸에 예수님의 기쁨이 터져 나옵니다.

당신도 기도함과 복음 전함에 힘쓰십시오. 당신의 삶은 더 행복에 행복이 더해질 것이며 가치에 가치가 더해질 것입니다.

존귀한 자는 기도함과 복음 전함에 큰 가치를 둔다

예수님은 내게 말씀하셨습니다.

"이 일은 존귀한 일이다. 나의 핵심 일이기 때문이다. 너는 평생 이 일에 헌신해도 네가 생각한 것보다 더한 가치가 있단다. 그러니 너는 복음 전도자의 길을 즐겁고 감사하게 가라."

"아멘, 존귀한 직분 주셔서 억만 번이나 감사합니다."

또한 예수님은 내가 존귀한 자라고 말씀하셨습니다.

"존귀한 자는 존귀한 일을 계획하고 내 일을 수행하며 산다. 존귀한 일은 영혼을 구하는 일이다. 내가 그 존귀함을 위해 사람의 몸을 입고 성육신하였으며 십자가에 매달려 너와 이웃의 죄 짐을 벗겨 주기 위해 죽었고 나의 의를 주기 위해 사흘 만에 부활하였느니라. 너는 내가 네 안에 보낸 성령을 따라 존귀하게 살면 된다. 내가 너와 영원토록 함께 하느니라."

"아멘, 나의 구주 예수님, 영원히 많이 감사하며 사랑합니다."

"존귀한 나는 존귀한 일에 서리라. 존귀한 나는 존귀한 일에 서리라. 존귀한 나는 존귀한 일에 서리라."

이렇게 나는 가슴으로부터 밖을 향해 선포했습니다. 성령의 영광이 온몸에 가득했지요. 기도함과 복음 전함은 자기 미래를 위한 최고의 저축입니다. 당신도 그 일에 힘쓰십시오.

"존귀한 자는 존귀한 일을 계획하나니 그는 항상 존귀한 일에 서리라." (사 32:8)

기도함과 복음 전함은 최고 가치를 저축하는 것이다

　습관적 기도함은 자동으로 자기 미래 곳간에 가치를 쌓는 일입니다. 곳간에는 꼭 돈만 쌓아 놓는 것이 아닙니다. 돈도 중요하지만 먼저 영적 가치가 가치 곳간에 쌓이면 돈도 따라오게 됩니다. 하지만 영적 사람이 영적 가치가 적고 세상 돈만 많으면 어리석은 부자처럼 자기 영혼을 망치게 됩니다. 그러지 말고 당신이 영적 사람이라면 먼저 영적 가치에 가치를 더해주는 기도함과 복음 전함에 힘써야 할 것입니다. 예수님을 본받아 행하십시오.

　"예수께서 나가사 습관을 따라 감람산에 가시매 제자들도 따라갔더니 그곳에 이르러 그들에게 이르시되 유혹에 빠지지 않게 기도하라 하시고……." (눅 22:39~40)

　나는 기도함으로 나의 영적 곳간마다 성령님과 나와의 사랑이라는 가치가 쌓이고 있습니다. 성령님과 나와의 우정이라는 가치가 쌓이고 있습니다. 성령님과 나와의 동업함이라는 가치가 쌓이고 있습니다. 성령님의 지혜와 지식이라는 가치가 내 곳간에 쌓이고 있습니다. 은금보다 귀한 성령님의 지혜와 지식이 내 곳간마다 쌓이고 있습니다. 성령님이 주시는 지혜는 천재적 지혜인데 나는 그 지혜를 발휘하여 천재적 책들을 써내고 있습니다. 천재들을 창조하신 성령님과 인격적 교제를 나눈 후 나온 사랑의 스토리가 진짜 천재적 책인 것입니다. 그 책에 영혼을 살리는 복음이 있고 어떻게 인생을 살아야 가치가 있는지 하늘 지혜가 있습니다. 그런 나의 책들이 나의 가치를 세상 앞에서 존귀하게 합니다.

인생의 행복은 영혼의 행복이 제일 먼저이고 그다음은 마음의 행복이며 그다음이 육신의 행복이고 그다음은 생활의 행복입니다. 영혼의 행복은 보혜사 성령님과 마음을 나누는 교제 가운데 있습니다. 그분께 자기 삶에 대해 부탁을 드리고 요청하고 기도하며 그분과 함께 동업하는 삶입니다.

마음의 행복은 하나님을 기쁘게 하리라는 소원을 이루는 행복입니다. 마음에 믿음이 없이는 하나님을 기쁘시게 하지 못하는데 육신의 사람은 영의 생각을 하지 못하므로 하나님을 기쁘시게 하는 생각을 하지 못하고 어쩌다 생각이 들어도 그것을 실천할 능력이 없으나 영이 강한 사람은 능히 실천할 수 있습니다.

육신의 행복은 예수님처럼 습관 따라 기도하고 복음 전함에 있습니다. 이 일에 초점이 맞춰진 행동에 있는 것입니다.

'습관 따라 운동하는 사람이 항상 건강함을 누립니다.'
'습관 따라 저축하는 사람이 항상 부요함을 누립니다.'
'습관 따라 책 쓰는 사람이 항상 천재적 지혜로 삽니다.'
'습관 따라 기도하는 사람이 항상 기도의 영으로 기도합니다.'
'습관 따라 복음 전하는 사람이 항상 복음의 능력을 누립니다.'

당신과 나는 예수님의 복음 일꾼입니다. 그분을 본받아 습관을 따라 한다면 어떤 문화의 옷을 입어도 성령님을 따라 기도함과 복음 전함에 쉽게 힘쓰게 되므로 하나님을 기쁘시게 하고 우린 생명과 평안을 누리며 살게 될 것입니다.

평생 그리스도 안에서 충만한 행복을 누리고 자기 너머에 있는 이웃에게까지 예수 생명을 흘려보냅시다! 할렐루야!

"우리는 오로지 기도하는 일과 말씀 사역에 힘쓰리라." (행 6:4)

미래를 준비한 자에게 즐거운 소원성취가 있다

미래를 준비한 자에게 즐거운 소원성취가 있다

당신은 어떤 방식의 소원성취를 원하십니까?

소원성취엔 여러 가지가 있습니다. 즐겁게 하는 소원성취. 행복하게 이루는 소원성취. 자동적으로 되는 소원성취. 반면에 짜증 나는 소원성취. 행복하지 않은 소원성취. 억지로 이루어지는 소원성취가 있습니다.

나는 즐겁고 행복하며 자동적으로 나의 소원들이 이루어지는 걸 기뻐합니다. 이미 여러 개의 큰 소원들은 그렇게 성취되었고 그 자신감으로 나는 미래 소원들도 자동적으로 성취되도록 준비했고 성취를 누리며 삽니다. 세계적 재정 전문가 토머스 J. 빌로드는 "타오르는 열망에 행동 계획까지 갖추면 이루지 못할 것이 없다."라고 했는데 당신도 준비함으로 즐겁게 소원성취하십시오.

어떻게 미래를 준비하면 즐거운 소원성취가 될까요?

첫째, '영미현성결' 곳간으로 경영하면 됩니다.

나는 제일 먼저 영원 곳간에 나의 시간과 건강과 돈을 저장합니다. 나는 두 번째로 미래 곳간에 나의 시간과 건강과 돈을 저장합니다. 세 번째로 현재 곳간에, 네 번째로 성취 곳간에, 다섯 번째로 결제 곳간에 나의 시간과 건강과 돈을 저장해 놓습니다.

하나님은 곳간을 준비하셨고 곳간을 경영하는 분이십니다. 하나님 께는 비 곳간, 우박 곳간, 바람 곳간, 물 곳간 등등 많은 곳간이 있습니다. 야곱은 라반 삼촌 집에서 뼈 빠지게 14년이나 일했지만 자기 집 세울 재물이 없었습니다. 영적 은혜를 입은 야곱이었으나 직원 마인드만 갖고 있었기에 사업가 마인드를 가진 라반의 곳간으로 하나님의 복들이 다 흘러 들어갔습니다.

정신을 차린 야곱은 하나님의 복을 담을 그릇, 곧 곳간을 준비하고 저장하기 시작했습니다. 곳간 경영을 한 그는 6년 만에 거부가 된 것입니다. 정신을 차리고 곳간을 준비해야 합니다.

곳간들을 만들면 소원성취가 즐겁게 이루어진다

당신도 통장을 만드십시오. '영미현성결' 곳간을 스마트폰으로 다스리십시오. 스마트폰 하나로 세상과 소통하는 시대입니다. 나는 돈을 송금하는 일을 힘들어하는 지인에게 "은행에 가서 스마트 뱅킹을 개설하세요. 돈이 들어오고 나가고 쌓고 투자하는 일을 스마트폰으로 쉽고 빠르게 할 수 있어요."라고 권했습니다.

얼마 전에 만났는데 두 달 전부터 그렇게 하고 있다고 말했습니다. 그동안 돈을 한 번 보내려면 고구마 먹은 것처럼 답답했는데 왜 진작 안 만들었는지 후회스럽다며 이제 돈을 보내고 받는 게 너무 편하다며 고맙다고 인사하더군요.

당신도 귀찮더라도 은행에 가서 곳간들을 만들고 정리하고 스마트폰으로 당신의 돈을 통제해야 합니다.

나는 1,000원의 수입이 생기면 10분의 1을 제일 먼저 영원 곳간에 넣습니다. 100만 원이 들어와도 제일 먼저 10분의 1을 영원 곳간에 넣습니다. 나는 하나님의 종으로 영원 곳간의 재물을 복음 전파에 사용합니다. 복음을 책에 잘 담고 잘 담긴 책을 정성스럽게 출간하고 유통하여 책으로 복음 전파합니다.

다음에는 미래 곳간에 10분의 1을 넣습니다. 나는 미래 곳간에 모인 목돈을 활용하고 성령님의 인도하심을 받아 자산을 구축합니다. 미래 곳간은 자산 파이프의 근원입니다. 평생 다른 데 쓰지 말고 바위를 올려놓고 꺼내지 말아야 합니다. 오직 자산을 갖게 하고 자산에 자산을 더하는 데만 지혜롭게 사용하십시오. 평생 돈 걱정 없이 하나님의 얼굴을 보며 살게 됩니다.

현재 곳간은 내가 먹고 싶은 음식이나 영화를 보거나 책을 사거나 가족에게 필요한 것을 살 때 넉넉한 돈을 줍니다. 얼마 전에 아내가 원하는 좋은 비비크림을 사 주었습니다. 이제 커피값이 없어 속상할 일이 없고 항상 원할 때 카페 가서 커피나 빵을 마음껏 사 먹는 소원이 성취되었습니다.

내가 야곱처럼 정신 차리고 "이제 내 곳간 관리를 철저히 하리라!" 선포하고 실천한 후부터 나의 곳간마다 바닥이 보이지 않게 되었습니다. 처음에는 서툴러서 여기 곳간 돈을 저 곳간용으로 다 써 버린 적도 있었습니다. 하지만 지금은 현재 곳간에 용돈이 마른 적이 없어서 내가 가고 싶은 카페나 먹고 싶은 음식을 원할 때 사서 먹으니 나는 부요한 행복을 누립니다.

항상 자기계발용 용돈의 수위를 유지하니까 365일 내가 원하는 때 원하는 지역에서 원하는 카페에 가서 마음껏 커피를 마시고 빵도 먹고 책 보고 책도 씁니다. 그래서 나는 소원성취를 매일 누리며 부요하고 즐겁게 사는 것입니다. 내가 5개 곳간을 관리하며 깨달은 바가 있는데 그건 종류별로 곳간을 만들어 놓으면 그 곳간별 소원이 이루어짐을 계속 누릴 수 있다는 것입니다. 성령님은 내게 종류별로 곳간을 만들어 경영하라 하셨고 나는 순종함으로 마르지 않는 돈의 유용함을 부요하게 누리며 사는 것입니다.

성취 곳간에는 중간 크기 소원을 위해 저장합니다. 결제 곳간에는 스마트폰 사용료나 보험비를 넣어 두고 자동이체 되게 했습니다. 나는 '영미현성결 곳간 관리'로 이전보다 더 예수님의 얼굴만 바라보게 되었습니다.

시간도 건강도 곳간에 저장하고 관리하라

시간 곳간은 하나님께 기도하는 시간을 가짐으로 영원 시간 곳간에 저축합니다. 성경 보고 복음 전하므로 영원 시간 곳간에 상급을 쌓습니다. 십일조를 하고 여러 가지 헌금하므로 영원 곳간에 영원한 재물을 쌓습니다.

미래 시간 곳간에 책 보고 깨달음 얻고 성경 보고 깨달음 얻고 메모하고 책으로 써내므로 지혜에 지혜가 쌓이게 합니다.

건강 곳간에는 복음 전파 위해 몸을 강하게 만들어 줍니다. 매일 꾸준히 운동을 합니다. 태권도 기본 동작을 합니다. 줄넘기를 300개 정도 합니다. 운동장에서 신나게 달립니다. 천천히 걷기를 합니다. 걷고 뛰고 합니다.

나는 나의 건강, 시간, 돈 관리를 100년간 할 생각입니다. 당신도 각각의 곳간들을 댐처럼 여기고 적절히 수문을 열어 관리하십시오. 힘이 남아돈다고 진을 다 빼지 마십시오. 항상 강건한 몸으로 언제든 7일 동안 강연회를 인도할 정도가 되십시오.

돈이 남아돈다고 돈을 다 쓰지 마십시오. 곳간의 바닥이 보이지 않게 하십시오. 항상 부요하게 살 것입니다. 시간이 남아돈다고 친구 따라 놀러 다니지 마십시오. 꼭 필요한 만남이면 만나고 하나님과 친밀한 교제의 시간을 많이 가지십시오. 하나님만이 사람의 최고 가치요, 상급이기 때문입니다.

곳간들을 준비하여 미래를 준비하는 당신은 모든 것에 항상 모든 것이 넘쳐 모든 삶에 부요하게 살게 될 것입니다.

생명을 살리는 강인한 자로 서라

나는 강인하다

당신은 강인하십니까?

나는 강인한 사람입니다. 하나님을 경외하는 나의 중심은 놋쇠와 같고 하나님이 내게 주신 천직을 행함에도 강철과 같은 강인함으로 실천하며 삽니다.

강인(强靭)의 사전적 의미는 '굳세고 질긴 사람'입니다. 강철 같은 의지의 사람을 말하는데 당신도 이런 사람으로 살아야 합니다. 이 세상 살이가 그렇게 호락호락하지 않기 때문입니다.

"난 왜 이렇게 의지가 약할까?"
"참 한심하다."

나는 참 의지가 약한 자였습니다. 나는 겨울철에 손에 끼는 가죽 장갑같이 흐물흐물한 사람이었습니다. 아무 생각 없이 친구의 말, 선배의 말, 유행어를 흉내 냈습니다.

지금은 나의 인생관이 분명하고 평생 할 일이 있기에 그렇게 살지 않습니다. 나의 하루를 소중한 일에 사용하며 삽니다. 가죽 장갑은 내가 끼지 않으면 아무 의미가 없습니다. 책장 한 곳에 그냥 가만히 있을 뿐입니다. 오늘 체감온도가 영하 17도여서 외출할 때 특히 가죽 장갑을 챙겨야겠다고 생각했습니다. 꺼내서 내 손을 거기에 넣으니 가죽 장갑은 빵빵해졌습니다. 나의 강한 손이 들어가니까 함께 강해진 것입니다.

"보라, 내가 오늘 너를 그 온 땅과 유다 왕들과 그 지도자들과 그 제사장들과 그 땅 백성 앞에 견고한 성읍, 쇠기둥, 놋 성벽이 되게 하였은즉 그들이 너를 치나 너를 이기지 못하리니 이는 내가 너와 함께 하여 너를 구원할 것임이니라. 여호와의 말이니라." (렘 1:18~19)

나는 성령님의 장갑과 같습니다. 전능하신 성령님이 장갑 같은 내 안에 살아계시니까 나는 골리앗을 물리친 용맹스러운 다윗같이 되었습니다. 나는 강인한 자가 되어 죽은 영혼을 살리며 복음을 능력 있게 전할 수 있게 된 것입니다. 나는 이제 강한 나를 자신 있게 선포하며 살게 되었습니다. 당신도 선포해 보십시오.

"나는 강인하다!"

"나는 강인하다!"
"나는 강인하다!"

강한 왕이신 성령님은 나에게 "내가 너를 쇠기둥 같은 자가 되게 하리라."라고 말씀하셨습니다. 나는 즉시 믿음의 기도를 해서 성령님을 기쁘시게 했습니다.

"아멘, 나는 이제 쇠기둥 같은 자가 되었습니다."
"다윗처럼 용맹스러운 용사가 되었습니다."
"억만 번이나 감사합니다. 사랑합니다. 성령님."

의인은 강하게 설 수 있는 은사를 갖고 있다

당신은 의인이 강인하게 설 수 있는 은사가 있음을 아십니까?
성령님은 모든 은사를 주시는 분이십니다. 그중에 작게 보이나 큰 은사가 있는데 바로 '방언'입니다. 방언을 말하므로 자기 영혼을 강하게 할 수 있는 것입니다.
나는 혀로 춤을 추며 행복하고 즐겁게 삽니다. 바로 방언을 많이 말하며 살기 때문입니다. 방언을 말하면 내 영이 하나님께 비밀을 말하며 기도하게 되고 간구하게 됩니다. 나는 무엇을 위해 기도해야 할 줄 모르나 내 안에 살아 계신 성령님께서 나를 위해 탄식하며 기도해 주십니다. 방언을 말할 때 성령의 나타남이 함께 합니다. 방언 기도하는 것은 성령의 나타남입니다. 성령의 나타남 안에 사니까 복음을 위해 강하고 담대하게 살게 되었습니다. 긍정적인 인생의 목표를 갖고 어떤 일이 있어도 그것을 해내고야 마는 강철 같은 의지력이 생긴 것입니다.

마귀와 귀신들은 의인이 예수님께 사랑을 고백하며 말하는 방언을 아주 싫어합니다. 방언으로 말하니까 그 누구도 알 수 없고 안전하게 하나님과 영적으로 교통하게 됩니다. 성령님은 영으로 기도하도록 도우시며 영으로 찬미하게 하시고 마음으로 기도하며 마음으로도 찬미하도록 도우십니다.

나는 무시로 방언을 말합니다. 카페에서 주위 사람이 모르게 입안에서 혀를 움직이며 방언으로 말할 수 있습니다. 전철을 타거나 걸어갈 때나 산책을 할 때도 은밀히 계신 나의 하나님께 은밀하게 기도할 수 있습니다. 나는 자유자재로 방언을 말합니다. 고저강단을 상황에 맞게 조절하며 나의 하나님께 기도합니다. 그리하면 성령의 나타남으로 나의 영혼이 강해짐을 경험합니다. 나의 마음이 강하고 담대해짐을 경험합니다. 나의 몸이 강해짐을 경험합니다. 나의 생활에서 실천력이 강해짐을 경험합니다.

사도 바울을 본받으라

사도 바울은 고린도전서 14장 18절에서 내가 너희 모든 사람보다 방언을 더 많이 말하여서 하나님께 감사한다고 말했습니다.

크리스천이 본받길 좋아하는 사도 바울도 방언을 많이 말하므로 강인하게 살았음을 유의하여 보고 우리도 방언을 많이 말하여 강인한 인생을 살아 내야 합니다. 소극적으로 자기 배만 부르고 자기 등만 따듯함을 추구하는 인생은 그럴 필요가 없을지라도 나처럼 "내가 강인해야 가족도 살고 천직을 수행할 수 있고 나아가 이웃들도 하나님을 믿고 행복해진다."라는 목표를 가진 사람은 적극적으로 강하게 될 수 있는 방언의 은사를 애용해야 합니다.

오순절 마가 다락방에서 하나님은 120명의 순종자들에게 성령을 부어 주셨고 필요한 은사를 모두에게 나타나게 하셨는데 곧 방언을 말하는 것이었습니다. 그때 있었던 복음 전도자들이 성령의 인도를 따라 강인하게 복음을 전파하며 자기도 살고 이웃도 살렸습니다. 하나님의 복음이 세상에 두루 퍼지게 했던 것입니다.

은사는 선물입니다. 선물은 포장을 뜯어 봐야 합니다. 방언의 은사는 선물인데 자기 안에 있는 선물을 밖에서 보도록 해야 합니다. 그 방법은 믿음으로 방언을 말하면 되는 것입니다.

"홀라 홀랄라라 라라라라, 아바 아발랄라 라라라라."
"아야 싸야 파야 싸야, 하야 카야 싸야 파야."

이게 다 표현된 건 아니지만 어떨 때는 난생 처음 하는 신기한 방언도 하도록 성령님은 나를 인도해 주십니다. 나는 오직 예수님을 사랑하는 믿음으로 방언을 많이 말하며 행복하게 사는 것이지요. 당신도 방언을 많이 말하십시오. 아직 방언을 하지 못한다면 당신 안에 성령님이 살아 계시고 그분이 모든 능력과 방언의 은사도 갖고 오셨음을 믿으십시오. 믿음으로 말하는 자에게 방언하게 하심을 믿고 혀를 주께 맡기고 믿음으로 방언을 말하십시오. 그리하면 그렇게 됩니다. 한 번에 안 되더라도 성령의 나타남을 사모하는 마음으로 계속 기도해 보십시오. 그러면 됩니다.

나는 한 기도원에서 아무도 없는 예배당에서 하나님을 생각하며 기도할 때 자동으로 혀가 말리면서 알 수 없는 방언을 하게 되었습니다. 나는 그게 성령님이 나를 도우셔서 나타나게 하신 성령의 나타남임을 알았습니다. 나는 지금까지 계속 방언을 말하며 365일 정시로, 무시로 나의 하나님께 기도하고 있습니다. 확실히 방언 기도를 하면 영이 많이 강해짐을 경험합니다.

방언 말함의 유익을 마음껏 누려라

성령님은 참 좋으신 분입니다. 왜냐하면 방언이라는 좋은 선물을 주셨기 때문입니다. 방언은 100퍼센트 성령의 나타남이며 영의 기도입니다. 축복기도이며 감사기도입니다. 방언은 덕이 되는 기도이고 중보이며 찬양입니다. 이렇게 방언은 의인에게 복된 기도이니 많이 말할수록 신앙생활에 유익합니다.

"내가 만일 방언으로 기도하면 나의 영이 기도하거니와 나의 마음은 열매를 맺지 못하리라. 그러면 어떻게 할까 내가 영으로 기도하고 또 마음으로 기도하며 내가 영으로 찬송하고 또 마음으로 찬송하리라. 그렇지 아니하면 네가 영으로 축복할 때에 알지 못하는 처지에 있는 자가 네가 무슨 말을 하는지 알지 못하고 네 감사에 어찌 아멘 하리요. 너는 감사를 잘하였으나 그러나 다른 사람은 덕 세움을 받지 못하리라. 내가 너희 모든 사람보다 방언을 더 말하므로 하나님께 감사하노라. 그러나 교회에서 네가 남을 가르치기 위하여 깨달은 마음으로 다섯 마디 말을 하는 것이 일만 마디 방언으로 말하는 것보다 나으니라." (고전 14:14~19)

나는 방언을 수시로 말하니까 천국의 안식을 이 땅에서도 누립니다. 하나님이 나를 변함없이 영원히 사랑하신다는 믿음. 예수님이 나의 소원들을 다 이루어 주셨다는 믿음. 성령님이 내 소원들을 이루어주고 계신다는 믿음으로 천국같이 살고 있습니다.

"그러므로 더듬는 입술과 다른 방언으로 그가 이 백성에게 말씀하시리라. 전에 그들에게 이르시기를 이것이 너희 안식이요 이것이 너희 상쾌함이니." (사 28:11~12)

방언 말함에는 어떤 유익들이 있을까요?

첫째, 영혼과 마음이 안식을 누린다.
둘째, 영혼과 마음이 상쾌함을 누린다.
셋째, 영혼과 마음이 강인함을 누린다.

나는 습관을 따라 방언을 많이 말합니다. 그래서 나는 내가 좋아하는 청명한 가을처럼 영혼, 마음, 육신, 생활이 항상 상쾌하고 쾌적한 안식을 누리며 사는 것입니다.

"예수님, 사랑합니다. 사랑합니다. 예수님."
"나도 널 영원히 사랑한다."

나는 평안한 중에 예수님 안에서 어린 양처럼 안식을 누리며 삽니다. 목자가 양을 돌보듯 예수님의 돌보심 속에서 나는 맛있는 꼴을 먹으며 선한 목자 예수님 품에서 안식을 누리며 행복하게 삽니다. 당신도 방언을 많이 하여 쾌적한 안식을 누리십시오.

성령님은 전도자이십니다. 성령의 나타남으로 강인해진 자는 예수님처럼 습관적으로 기도하며 복음을 전파합니다. 온 천하보다 귀한 영혼을 살리며 존귀한 삶을 삽니다. 나는 내 안에 살아 계신 성령의 나타남으로 능력 있게 기도하며 복음을 전파합니다. 이 일은 아무나 할 수 있는 일이 아니요, 오직 하나님께 부르심을 입은 존귀한 자가 할 수 있는 것입니다.

당신도 방언을 많이 말씀하십시오.

당신을 강인하게 하여 당신의 이웃을 하나님께 중매하십시오.

영혼을 인도하려면 영이 강해져야 합니다. 하나님께 대한 믿음이 없고 육신에 강한 자를 이기고 그들을 하나님의 사람으로 세우고 인도하려면 강인한 자가 되어야 합니다.

이것이 강인한 자로 서야 하는 이유인 것입니다.

하나님의 음성을 크게 여겨 존귀하게 돼라

　당신은 무슨 음성을 크게 여기십니까?

　나는 성령님의 음성을 가장 크게 여깁니다. 많은 물소리같이 큰 주님의 음성은 나를 변화시켰기에 나는 사람 목소리나 세상 소리보다 내 주님의 음성을 가장 크게 여기는 것입니다.

유명한 자의 소리보다 주님의 음성을 크게 여기라

　나는 신학을 할 때 성경 말씀보다 유명한 자의 음성을 크게 여긴 부분이 있었습니다. 성경으로 기초가 튼튼하여 확신한 일에 거해야 하는데 인정과 육정의 목소리에 이끌렸던 것입니다.

　하나님의 의인은 육정의 음성으로 사는 게 아니라 오직 예수님의 음성을 신뢰하고 산다는 진리를 의식해야 합니다. 예수님의 양은 예수님의 음성을 들으며 예수님을 목자로 믿고 따르기에 그렇습니다. 육정의 소리나 재물의 소리를 듣고 그걸 크게 여기면 패망하게 되고 비천하고 비참한 생이 됩니다. 그러나 목자 되신 성령님의 음성을 가장 크게 여기면 존귀한 생각을 하게 되고 존귀한 일을 하여 존귀한 복을 누리게 됩니다. 하나님은 세세토록 존귀와 영광과 권능과 지혜가 충만하시기 때문입니다.

"대저 저는 우리 하나님이시오. 우리는 그의 기르시는 백성이며 그 손의 양이라 너희가 오늘날 그 음성 듣기를 원하노라." (시 95:7)

사울 왕은 하나님이 주신 복으로 존귀한 왕이 되었습니다. 그런데 그는 점점 세상 소리에 타협했고 하나님의 음성을 소 떼나 양 떼 소리보다 가볍게 여겼습니다. 사울 왕은 백성의 소리와 소 떼와 양 떼 소리를 하나님의 음성보다 더 크게 여겼던 것입니다. 그 결과 그는 왕의 자리에서 버림받는 패망을 당했습니다. 반면에 다윗은 항상 성령님을 모시며 그분의 음성을 가장 크게 여기며 살았고 존귀하게 되었습니다. 당신도 성령님의 음성을 크게 여기십시오.

하나님의 눈에 존귀하면 존귀함을 누린다

이스라엘의 노래 잘하는 자 다윗은 하나님의 말씀을 가장 크게 여기며 그분의 인자하심을 노래했습니다. 그는 금 십만 달란트(30조 원 이상)을 헌금하여 성전을 건축했고 하나님께 드림으로 하나님을 존귀하게 했습니다. 하나님은 그런 다윗을 점점 더 강성하게 하셨으며 그에게 영적, 육적으로 더 존귀함의 옷을 입히셨습니다. 그는 "너는 내 마음에 합한 자"라는 놀라운 칭찬을 들었고 하나님은 그의 권능이 되어 주심으로 다윗은 더 강성해 가며 강한 왕권을 갖게 된 것입니다.

"존귀한 자는 존귀한 일을 계획하나니 그는 항상 존귀한 일에 서리라." (사 32:8)

하나님의 눈에 가장 존귀한 자는 누구일까요?

세상에서 큰 자는 누구일까요? 바로 하나님께 칭찬 듣는 사람이며 하나님의 얼굴을 보며 반짝이는 두 눈으로 하나님의 얼굴을 항상 보는 사람입니다. 세상 소리나 인정에 목말라하지 말고 오직 하나님의 눈에 큰 자가 되는 게 훨씬 존귀하며 하나님의 사랑의 음성을 듣는 자가 가장 행복하고 존귀한 자인 것입니다.

하나님은 자신의 음성을 가장 크게 여기며 존중하는 다윗의 삶의 문제들을 직접 해결해 주셨습니다. 곳간을 채워 하나님의 성전을 건축하는 일과 왕궁을 건축하는 데 필요한 큰 부(富)를 주셨습니다. 왕으로서 필요한 리더십과 지혜를 주셨으며 충직한 사람들을 주위에 붙여 주셨습니다. 예수님을 다윗의 계보로 이 땅에 성육신하게 하시므로 다윗의 이름을 존귀하게 하신 것입니다.

하나님의 음성을 귀중히 여기고 그 음성 듣기를 좋아하고 순종하길 좋아하면 존귀함을 누리게 됩니다. 유의할 것은 존귀함을 누릴 때 그

것을 잘 지켜야 합니다. 다윗처럼 죄는 짓지 말고요.

하나님과 사랑의 대화를 한다면 존귀하게 사는 것이다

 어떤 음성이 가장 존귀한 음성일까요?

 크고 위대하신 성령 하나님이 자기에게 들려준 그 음성입니다.

 나는 내게 하신 주 음성을 제일 존귀한 음성으로 믿습니다. 얼마 전에 책 보며 성령님의 얼굴을 보는 내게 성령님은 존귀한 음성을 들려주셨습니다.

 "아들아, 너와 내가 지금 서로가 말을 하며 교제하고 있는 것이 큰 깨달음이고 큰 가치니라."

 "네가 식당에서 이화수 육개장을 먹든, 스타벅스 카페에 앉아 있든, 네가 서울에 있든, 부천에 있든지 말이다."

 "지금 내가 너와 함께함을 아는 것이 너의 큰 복이니라."

 "네, 맞습니다. 행복합니다. 주님. 감사합니다. 주님."

 나는 즉시 메모를 하고 틈틈이 보며 주 음성을 기억하지요.

 세상 부귀영화보다 더 귀중한 분은 내 안에 예수의 영이신 성령님이시며 성령님과 내가 교제하는 그 스토리가 가장 가치 있는 이야기입니다. 유명한 박사 스펙도 한 줄이면 끝나지만 존귀하신 예수님과 함께 교제하는 나의 러브 스토리는 수천수만 줄로 이어져 갑니다. 나의 주님 예수님과 나의 사랑 이야기는 끝이 없답니다.

성령이 없는 인생은 연기 속에 재만 남기나 그리스도의 영 성령님과 교제하는 나의 생은 보석 같은 이야기를 남깁니다. 나는 나의 분신인 책을 통해 이 보석이 영원히 빛나게 한답니다.

복음의 음성을 크게 여겨 존귀하게 되라

예수님께서 다 이루어 주신 온전한 복음의 음성을 가장 크게 여겨야 합니다. 나는 항상 복음의 음성을 존귀하게 여깁니다.

"내 양은 내 음성을 들으며 나는 그들을 알며 그들은 나를 따르느니라." (요 10:27)

며칠 전에도 예수님은 기도 중에 "나의 종아, 내가 너를 한없이 사랑하노라. 내가 너를 한없이 기뻐하노라. 너의 잔이 내가 부은 복들로 넘치고 있다."라고 말씀하셨습니다. 나는 주님께 "나를 사랑하시고 나의 잔이 넘쳐서 많이 기쁩니다. 많이 행복합니다."라고 예수님께 영광을 돌렸습니다.

하나님이 당신에게 부은 큰 복들은 무엇일까요?

바로 의로움과 성령 충만함, 건강함과 부요함, 지혜와 평화와 생명을 주셨다는 큰 복입니다. 우리 주 예수 그리스도께서 채찍에 맞으셨고 험한 십자가를 지셨으며 손과 발에 못 박히시어 험한 십자가에 고통스럽게 매달리셨습니다. 창에 허리를 찔리는 고난을 겪으셨으며 피와 눈물과 땀을 다 쏟으시므로 우리의 죗값과 목마름과 저주의 값을 다 지불하셨다는 큰 복입니다.

이제 더 이상 의인은 죄로 인해 결코 정죄함을 당하지 않으며 평생, 영원히 목마르지 않게 되었습니다. 하나님이 성령을 한량없이 의인들에게 부어 주셨기 때문입니다.

이제 의인들에겐 예수님이 다 이루어 주신 복음의 큰 복들이 넘치고 있음을 확신하십시오. 성경에 하신 하나님의 이 약속을 제일 크게 여기며 의와 성령 충만과 건강과 부요와 지혜와 평화와 생명의 큰 복이 넘치는 그 존귀하고 행복한 생을 누리십시오.

나는 그 은혜의 복음 음성을 가장 크게 여깁니다.

주께서 '내가 네게 의를 주었다'는 그 음성이 제일 큽니다.

주께서 '내가 네게 성령 충만함을 주었다'는 그 음성이 제일 큽니다.

주께서 '내가 네게 건강을 주었다'는 그 음성이 제일 큽니다.

주께서 '내가 네게 부요를 주었다'는 그 음성이 제일 큽니다.

주께서 '내가 네게 천재의 지혜를 주었다'는 그 음성이 제일 큽니다.

주께서 '내가 네게 평화를 주었다'는 그 음성이 제일 큽니다.

주께서 '내가 네게 생명을 주었다'는 그 음성이 제일 큽니다.

주께서 '내가 네게 의지가 되었다'는 그 음성이 제일 큽니다.

주께서 '내가 네게 가치가 되었다'는 그 음성이 제일 큽니다.

주께서 '내가 네게 능력을 주었다'는 그 음성이 제일 큽니다.

주께서 '네가 내게 구한 것을 주었다'는 그 음성이 제일 큽니다.

주께서 '나는 너의 하나님이라'는 그 음성이 제일 큽니다.

주께서 '내가 너와 영원토록 함께 하리라'는 그 음성이 제일 큽니다.

주께서 '내가 너를 한없이 사랑하고 한없이 기뻐한다'는 그 음성이 제일 큽니다.

성 삼위일체 하나님은 내가 이렇게 복음을 존귀하게 여기니까 나를 존귀하게 사랑해 주십니다. 당신도 세상 소리나 사람 소리보다 하나님의 음성을 더 크게 여기십시오. 항상 복음의 음성을 기억하고 의지하십시오. 풀무 불에 단련한 빛난 주석 같은 발과 많은 물소리 같은 큰 권능이 있는 그리스도 복음의 음성을 가장 크고 존귀하게 여기십시오.

복음의 음성을 크게 여기는 자가 하나님을 크게 여기는 자입니다. 그 믿음이 당신을 소원의 항구로 인도할 것이며 소원의 항구에서 이미 안식을 누리고 있는 의인들처럼 이 땅에서 천국같이 살다가 천국으로 들어갈 것입니다. 할렐루야!

Part 3

즐겁게 소원성취하는 7가지 비결

첫째 비결: 오직 믿음의 소원을 가지면 됩니다

당신은 소원을 이루는 비결에 대해 아십니까?

소원을 이루는 7가지 비결은 '가구찾두 시직민'입니다.

첫째, 믿음의 소원을 <u>가</u>지면 된다.

둘째, 믿음으로 <u>구</u>하면 된다.

셋째, 믿음으로 <u>찾</u>으면 된다.

넷째, 믿음으로 <u>두</u>드리면 된다.

다섯째, 소원성취엔 믿음의 <u>시</u>간이 걸림을 알면 된다.

여섯째, 내가 믿음으로 <u>직</u>접 하는 게 속 시원하게 성취된다.

일곱째, 각 소원은 <u>민</u>음으로 시작하고 믿음으로 진행하고 믿음으로 마감하면 된다.

오직 믿음의 소원을 가지면 된다

나는 전에 무제 공책같이 살았습니다. 뭔가 특징적인 소원이 없었는데 지금 생각해 보면 왜 어린 시절과 청소년 시절에 이렇다 할 만한 큰 소원이 없었을까 하는 생각이 듭니다.

지금은 150가지 소원들이 생겼고 다 기록해 놓았습니다.

뭔가 이루거나 갖기 원하는 자는 자기 안에서 움트는 소원을 잘 살펴봐야 합니다. 하나님이 주신 소원일 수 있으니까요.

내가 처음 나의 저서에 대한 소원을 가졌을 때 수백 권의 책을 읽고 난 후 책장을 덮자마자 탄식하며 나온 말은 "왜 내 책은 없지?" 하는 의문이었습니다. 나는 교보문고 책장들 안에 진열된 수천수만 권의 책을 보며 "도대체 왜 내 책은, 왜 하나도 없는 거야? 왜 그렇지?" 하는 강한 의혹을 가졌죠. 그때부터 "하나님, 저도 책을 써내고 싶은데 어떻게 하면 되죠? 길을 열어 주세요." 하며 간절히 소원을 아뢰었고 결국 은혜의 하나님이 이끌어서 오늘날 100권의 책을 써내는 작가로 살게 된 것입니다.

자기 소원을 갖길 바란다면 그 소원에 대한 스토리를 들어야 합니다. 백문이 불여일견입니다. 강연을 통해, 설교를 통해, 독서를 통해, 코치를 통해 들어야 합니다. 들어야 마음으로 생각하게 되고 바라게 되며, 상상력이 가동하고 고민하게 되며, 구하고 찾고 두드리게 됩니다. 그래서 사람들이 롤 모델을 찾는 것입니다.

내가 바라던 것을 가졌고 내가 원하는 일을 행복하게 하는 사람을 보고 '아, 저 사람은 나의 롤 모델이야.' 생각하고 그 사람을 본받게 되는 것입니다.

믿음의 소원은 그리스도의 말씀을 들어야 생긴다

들어야 합니다. 보아야 합니다. 내 마음속에 믿음으로 바라봤던 것에 대한 스토리를 찾아봐야 합니다. 본다는 것은 듣는다는 것입니다. 베드로 이야기를 통해 "아, 갈대 같은 나도 예수님을 만나 베드로처럼 반석 같은 믿음의 사람으로 살고 싶다!"라는 소원을 갖게 됩니다. 아브라함 이야기를 통해 "아, 나도 아브라함처럼 하나님을 경외하여 의롭다 여김을 받고 부요하게 살고 싶다!"라는 소원을 갖게 됩니다. 야곱이 하나님의 초자연적인 힘을 믿고 일하고 곳간을 관리하여 6년 만에 거부가 되었다는 말씀을 들어야 "아, 나도 부자로 살고 싶다!"라는 소원이 생기는 것입니다.

"그러므로 믿음은 들음에서 나며 들음은 그리스도의 말씀으로 말미암았느니라." (롬 10:17)

나는 천국에 가고 싶어서 그리스도의 말씀을 들었습니다.
나는 인생길에 의지가 필요해서 그리스도의 말씀을 들었습니다. 나는 가치 있는 생을 살고 싶어서 그리스도의 말씀을 들었습니다. 나는 능력을 행하는 삶을 살고 싶어서 그리스도의 말씀을 들었습니다. 나는 부요하게 살고 싶어서 그리스도의 말씀을 들었습니다. 나는 지혜롭게 살고 싶어서 그리스도의 말씀을 들었습니다. 나는 그리스도 안에서 그 소원들을 다 성취했습니다.

사람은 자기가 바라는 삶을 타인이 사는 것을 보고 동기부여를 받아 그 소원성취를 위해 살게 됩니다. 나는 내가 사모하는 소원성취들이 다 예수님 안에 있음을 깨달았습니다. 내 안에 계신 예수님은 하나님을 사랑하며 동업하는 핵심 소원을 주셨습니다. 그래서 나는 평생 그 소원을 따라 행복하게 살고 있는 것입니다.

누가 하나님의 소원을 가질 수 있는가?

어떤 사람이 하나님의 소원을 가질 수 있을까요?

성령님의 소원은 곧 하나님의 소원입니다. 성령님은 모든 것, 곧 하나님의 깊은 것도 다 아시니까요. 성령이 임한 사람은 성령의 소원을 자동으로 갖게 되는데 이는 성령님은 의인이 예언을 하게 하고 환상을 보게 하며 꿈꾸게 하는 분이시기 때문입니다.

"하나님이 말씀하시기를 말세에 내가 내 영을 모든 육체에 부어 주리니 너희의 자녀들은 예언할 것이요 너희의 젊은이들은 환상을 보고 너희의 늙은이들은 꿈을 꾸리라." (행 2:17)

예수를 구주로 믿는 의인 안에 성령이 계시니 믿음의 소원도 자동으로 의인의 마음에 있게 됩니다. 그런데 의인이라도 자기 안에 살아 계신 성령의 임재에 대해 모르거나 둔감하면 성령 하나님이 주신 소원을 모르고 살기도 합니다. 그래서 가치 있는 소원이 없어서 방탕하게 사는 자처럼 살게 되는 것입니다.

예수님은 성령님을 통해 우리 마음에 소원을 주십니다. 말씀과 더불어 주십니다. 나는 처음 믿음 생활 때 기억이 흐려져 놓친 소원이 있었으나 오래전부터는 하나님이 주신 소원을 기록했습니다. 가끔 보며 그 소원성취가 주는 행복을 피부로 느끼며 삽니다.

성령님이 주시는 소원을 믿음으로 받아야 합니다. 믿음으로 받으면 영광의 하나님의 소원과 연결되어 행복한 소원성취를 누리며 삽니다. 예수님을 사랑하는 의인이 예수님의 소원을 가질 수 있습니다. 당신도 하나님을 믿으면 얻는 재물보다 재물과 지혜도 주시는 하나님께 마음을 두십시오. 그리하면 더 좋은 것으로 만족하게 되는 소원성취를 맛볼 것입니다.

내 소원들이 이루어지다니 꿈이냐 생시냐?

"꿈이냐 생시냐? 내가 좋아하는 여인을 얻다니."
"꿈이냐 생시냐? 내가 원했던 아들을 둘이나 얻다니."
"꿈이냐 생시냐? 내가 바랐던 하나님의 종이 되다니."
"꿈이냐 생시냐? 내가 가고 싶었던 총신대학교 신학대학원에 입학했고, 신학을 배웠고 졸업했다니."
"꿈이냐 생시냐? 한국 어린이전도협회에서 어린이 전도를 열정적으로 하여 어린이들을 그리스도께 인도하다니."

"꿈이냐 생시냐? 내가 복음의 책을 100권이나 쓰다니."

"꿈이냐 생시냐? 내가 이렇게 하나님을 경외하는 가족을 거느리다니."

"꿈이냐 생시냐? 내가 내 안에 살아 계신 크신 예수님과 영원히 사랑하며 살다니."

나는 그리스도 밖에서 사모했던 소원들이 그리스도 안에서 하나님의 은혜로 성취됨을 경험하며 놀란 적이 여러 번 있었습니다. 간절히 바라던 일이 뜻밖에 이루어져 꿈같이 여겨지는 것을 경험하며 나는 감격하고 감사합니다. 당신도 성령님이 주신 소원을 믿음으로 받았다면 성취도 성령님이 이루어 주시니 항상 성령님만을 굳게 믿고 성령님과 함께 이루어 가십시오.

성령님이 함께 하시니까 믿음의 소원을 잃지 않게 되더라

나의 전부이신 성령님은 내게 참 인자하시고 나를 오래 기다려주시는 참 고마우신 분이십니다. 하나님이 주신 소원을 잊을 만하면 또 생각나게 하시고 어떤 일은 몇 년이 지난 후에도 인격적으로 말씀해 주시기에 그렇습니다.

나도 자식을 키우지만 몇 번 말해도 실천하지 않으면 그냥 놔둬 버린 적이 있었습니다. "그래, 네 맘대로 해라." 하지만 자식 이기는 부모 없다고 조금 지나면 그걸 허락하곤 했지만요.

성령님은 내게 그렇게 하지 않으셨습니다. 계속 반복해서 말씀해 주셨습니다. "그래도 강하고 담대하라." 내가 내게 실망해서 놔둔 적이 있었지만 신실하신 성령님은 나를 그렇게 대하지 않으셨습니다. 아, 우리 성령님은 사랑이십니다.

이젠 나도 성령님을 본받아 가족을 대할 때 오래 참고 기다려 줍니다. 성령님은 어떤 소원은 10년, 30년을 말씀해 주셨습니다. 참으로 내게 인자하시고 나를 오래 참아 주시고 나를 깨우쳐 주시길 기뻐하시는 하나님이십니다. 나는 일부러 잊어버리려 했지만 성령님은 결국 내가 두 손을 들고 그 믿음의 소원을 붙들고 끝까지 사랑하게 하셨습니다.

그 큰 믿음의 소원은 예수 진리를 사랑하는 것이며 진리의 복음을 때를 얻든지 못 얻든지 복음을 전파하는 일입니다. 나는 지금도 무시로 복음을 전파하며 사는 나의 인생이 행복합니다. 만족합니다. 보람됩니다. 나의 성령님께 억만 번이나 감사합니다.

나는 당신의 소원들이 이루어지길 중보기도한다

나는 희망, 소망, 꿈, 비전 등을 다 소원이라고 생각합니다. 결국 모두 이루어지길 바라는 것이기 때문입니다. 나는 당신이 꿈이라 하든, 희망이라 하든, 소망이라 하든지 다 성령님이 이루어 주시길 중보기도합니다. 당신도 성령님의 은혜로 소원들을 성취하여 큰 기쁨 누리며 사시길 주 예수 이름으로 축원합니다.

어떻게 해야 확실한 믿음의 소원을 가질 수 있을까요?

소원성취되길 바라는 것을 성령님과 함께 그려 보십시오. 소원성취되길 바라는 것을 성령님과 함께 생각해 보십시오. 소원성취되길 바라는 것을 성령님과 함께 눈 뜨고 꿈꿔 보십시오. 소원성취되길 바라는 것을 성령님과 함께 기록해 놓으십시오. 소원성취되길 바라는 것을 성령님께 "성령님, 어떻게 할까요?"라고 자주 물어보십시오.

당신에게 신실하신 성령님이 당신에게 소원을 주시고 그것을 이루어 갈 지혜와 용기를 주십니다. 크신 성령님의 좋은 소원들이 당신에게 가득하길 축복합니다.

둘째 비결: 오직 믿음으로 구하면 됩니다

오직 믿음으로 구하면 된다

하나님은 "나의 의인은 오직 믿음으로 말미암아 산다."라고 말씀하셨습니다. 영혼이 사는 것은 물론이거니와 기도 응답에 있어서도 오직 믿음으로 구해야 소원하는 것을 받는다는 뜻입니다.

"의인은 그의 믿음으로 말미암아 살리라." (합 2:4)
"오직 의인은 믿음으로 말미암아 살리라." (롬 1:17)
"의인은 믿음으로 살리라." (갈 3:11)
"나의 의인은 믿음으로 말미암아 살리라." (히 10:38)

하박국 2장 4절을 보면, 하나님의 백성을 침해하려는 교만한 자들은 결국 패망하나 하나님을 믿고 의지하는 백성들은 전능하신 하나님이 결국 살려 주신다는 의미입니다.

사도 바울은 이 말씀을 통해 로마서와 갈라디아서에서 율법주의가 주지 못하는 하나님의 의에 대해 말했습니다. 바울은 율법주의는 행위로 하나님께 인정받고 구원에 이르려는 그리스도의 십자가에 대치되는 악한 주의임을 밝혔습니다. 바울은 의인이 오직 예수 복음을 믿음으로만 구원을 받고 오직 하나님을 믿음으로만 하나님이 기뻐하시는 신앙생활을 할 수 있다고 말했습니다.

히브리서 10장 38절에서는 의인이 오직 믿음으로 앞으로, 앞으로 전진하는 삶을 살아야 됨을 말씀합니다. 그렇습니다. 구하는 것을 포기하고 뒤로 물러가는 것을 하나님은 기뻐하지 않습니다. 오직 믿음으로 사는 우리가 언제든지 하나님께 구하기를 바라십니다. 당신이 하나님을 믿는다면 한 번, 두 번만 구해도 응답하십니다. 그 믿음의 태도를 하나님이 기뻐하십니다.

하나님께 구하는 태도는 하나님을 기쁘시게 한다

'구하라(αἰτέω, 아이테오)'는 원문으로 명령어입니다. 하나님은 중요한 것을 명령어로 말씀하셨습니다. 육신의 부모도 정말 긴급하고 중요한 것은 명령어로 말합니다. 뜻은 '묻다, 간청하다, 요청하다, 바라다, ask'입니다. 이처럼 조개처럼 입을 다무는 태도보다 입을 열어 하나님께 구하는 태도를 하나님은 기뻐하십니다. 당신도 입을 열되 크게 열고 큰 것을 하나님께 구하십시오.

당신이 바라는 크고 작은 소원들은 무엇입니까?

포기하지 말고 하나님께 구하십시오. 포기하지 말고 하나님께 요청하십시오. 포기하지 말고 하나님께 간청하십시오. 포기하지 말고 하나님께 물으십시오.

갖고 싶은 소원이 있다면 구하십시오. 하고 싶고, 되고 싶은 소원이 있다면 하나님께 오직 믿음으로 구하십시오. 구하는 것은 나를 살리는 하나님의 중대한 명령입니다. 소원이 더디 이루어지면 마음이 상합니다. 괴롭습니다. 왜 그렇게 삽니까? 소원이 없다면 구하십시오. 구하는 것은 하나님의 중대한 명령인 것입니다.

나는 두 아들을 키울 때 아빠인 나를 어려워하고 필요한 것을 요청하지 못하는 모습을 봤습니다. 나는 너희의 아빠니까 필요한 것이 있으면 요청하라고 말했습니다. 그 후부터 필요한 것이 있으면 생각한 후 내게 요청을 합니다. 요청하지 않는 자식은 답답합니다. 속상하게 합니다. 소원을 위해 하나님께 요청하지 않는 자녀는 하나님이 속상해 하십니다. 자기를 믿지 않고 의심하며 뒤로 물러가는 자녀를 기뻐하지 않으십니다.

무엇이든 예수 이름으로 구하면 된다

하나님께 오직 믿음으로 구할 때 하나님은 기뻐하십니다. 오직 예수 이름으로 구하는 자를 하나님은 기뻐하십니다. 예수 이름으로 무엇이든 구할 때 예수님이 행해 주십니다. 모든 인생 비전에 따라 구하십시오. 응답의 기쁨을 누릴 것입니다.

의인이 하나님께 구할 때 하나님이 응답하신다는 놀라운 약속이 있습니다. 바로 '예수님의 이름'으로 기도하면 응답된다는 것입니다. 예수님은 제자들에게 "너희가 내 이름으로 무엇이든지 구하라. 그리하면 내가 실행하리라." 약속하셨습니다. 그래서 우리는 낙망치 않고 하나님께 소원을 위해 기도할 수 있는 것입니다.

"너희가 내 이름으로 무엇을 구하든지 내가 행하리니 이는 아버지로 하여금 아들로 말미암아 영광을 받으시게 하려 함이라." (요 14:13)

하나님은 구하는 자가 예수 이름을 믿고 기도하는 중심을 보고 그에 맞게 응답하십니다. 의인은 필요한 것이 있으면 오직 하나님께 구하면 되는 것입니다.

응답은 오직 믿음으로 구한 것에 있다

믿음으로 의인이 된다고 가르쳐 주신 분은 누구일까요?

구원받은 의인이 신앙생활도 오직 믿음으로 말미암아 산다고 가르쳐 주신 분은 누구일까요? 기도 생활도 믿음으로 해야 한다고 가르쳐 주신 분은 누구신가요? 모두 다 하나님이십니다.

당신의 믿음은 어떤 믿음입니까?

나의 믿음은 나의 하나님이 말씀으로 천지 만물을 창조하셨다는 믿음입니다. 나의 하나님 앞에는 열방이 통의 한 방울 물이라는 믿음입니다. 하나님은 변함없이 나를 사랑하시고 나도 하나님을 변함없이 사랑한다는 믿음입니다. 나의 하나님은 나의 믿음의 기도를 다 듣고 계시며 기도 응답의 복들을 누릴 나의 마음을 준비시키시며 하나님의 때에 좋은 것으로 채우신다는 믿음입니다.

나는 이 믿음으로 기도했고 범사에 기도 응답의 복을 누립니다.

당신도 언약에 신실한 전능한 하나님을 믿고 오직 믿음으로 기도하여 기도 응답의 복을 누리시길 바랍니다.

오직 믿음으로 하나님께 구했다면 이젠 받았다고 믿으십시오.

현실과 믿음은 반대입니다. 이루어진 현실을 보고 믿은 것을 믿음이라 할 수 있을까요? 믿음은 바라는 것들의 실상입니다. 나는 내가 믿음의 눈으로 본 그 실상을 믿습니다. 오직 믿음으로 흔들리지 않습니다. 내 힘으로 안 될 정도의 큰 소원, 눈에 보이지 않는 큰 소원. 자기가 믿음으로 봤던 그 큰 소원들. 이런 것들을 끝까지 믿는 믿음이 진짜 믿음이 아닐까요?

"그러므로 내가 너희에게 말하노니 무엇이든지 기도하고 구하는 것은 받은 줄로 믿으라. 그리하면 너희에게 그대로 되리라." (막 11:24)

보고 하는 건 쉽습니다. 그러나 보지 않고 믿는 믿음이 큰 믿음입니다. 겨자씨만 한 믿음으로 내가 본 실상을 믿는다면 그게 큰 믿음인 것입니다. 하나님은 오직 믿음으로 구한 것은 받은 줄로 믿으라 하셨습니다. 하나님이 그러라고 하셨으면 우리는 '아멘' 하고 기다리며 기대하면 됩니다.

"왜 그렇게 해야 해요?"
"현실은 아직 빈 지갑인데요.
"현실은 아직 책 쓰는 방법도 모르는데요?"
"현실은 아직…, 현실은 아직…….."

현실, 현상을 믿지 말고 바라는 것들의 실상을 믿으십시오.
베드로가 예수님의 음성을 믿고 물 위를 걸었듯 당신도 예수님의 음성을 믿는다면 기도 응답의 성취를 누릴 것입니다. 그러나 풍랑을 보고 물에 빠졌던 베드로처럼 믿음으로 서 있지 않는다면 현실의 물로 빠져 버려 허우적댈 것입니다.
그러지 말고 의인인 나는 오직 믿음으로 말미암아 산다는 말씀을 전심으로 확신하십시오. 하나님의 채우심을 누릴 것입니다.

의인이라면 받았다고 믿고 말하고 행동하라

하나님을 믿는 사람은 자기가 믿음으로 하나님께 구한 것을 받았다고 믿습니다. 하나님을 믿기 때문입니다. 하나님의 언약을 믿기 때문입니다.
나는 '100번째 내 책이 출간되었어. 계속 99, 98, 97, 96번째 책이 출간되고 있어.'라고 이미 이루어진 것처럼 믿음의 말을 했습니다. 지금 믿음의 말처럼 내 책들이 출간되고 있습니다. 처음에는 책을 어떻게 써야 하고 어떻게 출간하고 어떻게 돈을 벌어야 하는지 알지 못하던 내가 100권 책 출간 소원을 믿음으로 구하고 출간되었다고 믿고 찾고 두드리니 정말 그렇게 되었습니다.

하나님의 사람은 하나님께서 자기 마음에 두신 소원을 압니다.

믿음은 바라는 것들의 실상인데 자기 소원이 하나님의 은혜로 다 이루어졌음을 믿게 됩니다. 바랄 수 없는 중에도 바라게 되고 하나님은 죽은 자도 살리시는 전능하신 하나님이심을 굳게 믿습니다. 크신 하나님이 이미 소원성취 복을 주신 것을 믿고 믿음의 말을 합니다. 믿음의 생각과 믿음의 인내를 하게 됩니다. 믿음의 행동을 하고 믿음의 용기로 실천해서 소원성취 복을 누리게 되는 것입니다.

내 손에 보이는 기도 응답은 즉시 받을 수 있고 기다릴 수 있습니다. 여러 가지가 하루 만에 응답될 수 있고 거절되는 응답도 있습니다. 나는 즉시 응답받은 것에 감사하고 감사합니다. 작은 소원들은 금방 응답을 누립니다. 기다려야 하는 응답도 즐거운 마음으로 과정을 즐기며 삽니다. 그리하면 소원이 더디 이루어진다고 원망, 불평, 흔들리는 태도가 없어집니다. 나는 거절당한 응답도 감사하고 감사합니다. 나도 아들들에게 불필요하고 해로운 것은 주지 않습니다. 하물며 나를 사랑하시는 하나님께서 내게 해로운 것은 주지 않고 내게 가장 좋은 것으로 골라 주지 않으시겠습니까?

어떤 소원들은 하루 만에 다 성취되기도 했습니다.

기도 응답은 "하나님이 어디 있어? 나는 하나님과 상관없어. 내 소원은 내가 이룰 거야."라며 자기 뜻대로 소원을 이루는 사람과는 상관

없는 말입니다. 그러나 의인인 내게는 상관이 있습니다.

하나님의 자녀는 이미 그리스도를 믿음으로 말미암아 구원받아 의인이 되었기에 하나님께 구하고 받을 수 있는 자격이 있습니다. 하나님 없이 수고하여 어리석은 부자처럼 모래성 같은 재물을 쌓듯이 헛된 인생을 살지 않아도 됩니다.

하나님은 자기에게 구하는 의인을 기뻐하십니다. 하나님은 믿는 자의 하나님이십니다. 그래서 오직 믿음으로 구하고 믿음으로 응답받고 믿음으로 누리며 사는 것입니다. 나는 당신이 오직 믿음으로 하나님께 구해서 하나님이 채우시는 복들을 풍성히 누리시길 바랍니다.

"구하라. 그리하면 너희에게 주실 것이요. 구하는 이마다 받을 것이요." (마 7:7~8)

셋째 비결: 오직 믿음으로 찾으면 됩니다

소원이 생겼다면 찾으라

"여보, 뭐 해?"

"응, 마우스 하나 남는 거 있나 보려고. 하나가 더 있으면 노트북을 사용하는 데 더 편할 거 같아서."

어제저녁에 서랍을 열었다 닫았다 하는 나를 보고 아내가 물었습니다. 얼마 전부터 마우스가 하나 더 필요하다는 생각이 들었습니다. 무선 이어폰을 충전하면서 나는 마우스에 대한 필요성을 느끼고 찾게된 것입니다. 이처럼 무언가를 찾는 사람은 반드시 먼저 그것에 대한 소원을 가진 것이고 소원을 가진 사람이라면 반드시 그 소원성취를 위해 움직이게 되어있습니다.

작은 것을 찾을 땐 가벼운 마음으로 찾지만 큰 소원성취를 위해 찾을 땐 큰 믿음이 필요합니다. 왜 그럴까요? 믿음의 방패가 불신과 염려와 걱정, 의심과 감정 기복의 화살을 훌륭히 막아 주기 때문입니다. 믿음이 두려움을 극복하게 합니다. 로버트 앨런은 "당신이 진정으로 원하는 목표를 달성하기 위해 행동에 착수하는 순간에 두려움은 녹아 없어지기 시작한다."라고 했습니다.

나는 전에 책 쓰는 비법과 책을 출간하고자 하는 큰 꿈을 가졌을 때 간절한 믿음으로 찾았습니다. 자연스럽게 책을 통해 마음의 계획을 세웠습니다. 사람을 만나 대화하며 찾았고 인터넷을 검색하여 찾았습니다. 간절한 소원이 절박하게 소원성취에 필요한 모든 것을 찾아 담대하게 나서게 했습니다.

결국 나는 나의 하나님을 의지하고 바랐던 것을 발견했고 그것을 내 것으로 소유하게 된 것입니다.

믿음의 방패로 보호막을 갖추고 찾아야 한다

나는 작은 소원, 큰 소원 모두 오직 믿음으로 찾았습니다.

오직 하나님을 의지하여 찾으니까 작은 소원성취도 감사하게 되었습니다. 큰 소원 곧 큰 꿈을 성취하게 되니까 크게 감격하고 감사하게 되었습니다. 내가 말하고 싶은 것은 하나님을 믿는 믿음으로 소원성취를 위해 찾아야 그 의미가 하나님과 연결되어 작은 것에도 감사할 줄 알게 되고 하나님께 영광을 돌리게 된다는 것입니다.

하나님을 의식하는 믿음으로 찾지 않으면 그냥 내 힘으로 한다고 착각합니다. 요나서에 보면 벌레 한 마리도 하나님이 다스리십니다. 만약 믿음으로 찾지 않으면 범사에 하나님의 일하심을 예민하게 의식하지 못하게 될 것입니다. 의인은 매사에 하나님을 인정하는 사람입니다. 왜 오직 믿음으로 찾아야 할까요? 오직 믿음으로 발견하려 하지 않으면 얼마 안 가 포기하게 되기 때문입니다. 왜 포기하게 될까요? 어둠의 영이 쏜 부정적인 화살에 맞았기 때문입니다.

"그거 하지 마. 그런 거 안 해도 편하게 살 수 있어."
"그냥 그대로 살아. 왜 귀찮게 그거 하려고 해?"

원수는 하나님과 행복하게 동업하는 일을 하지 못하게 방해합니다. 원수는 물리적으로 우릴 어쩌지 못합니다. 그래서 원수는 온갖 거짓말로 아담과 하와처럼 우리가 불신의 죄를 짓게 합니다. 특히 의인들의 큰 소원인 복음 전파를 방해합니다.

"뭐 하러 전도해?"
"뭐 하러 기도해?"
"뭐 하러 성경 봐?"
"뭐 하러 책을 써?"
"뭐 하러 사랑해?"

하지만 하나님이 내게 주신 강력한 믿음의 방패가 나를 지킵니다. 그래서 나는 누가 뭐래도 아랑곳하지 않고 오직 하나님의 약속을 믿음으로 소원성취하여 100권, 500권을 능히 써낼 수 있는 천재 작가가 된 것입니다. 은혜의 복음을 담은 나의 큰 꿈인 100번째 책이 태어났습니다. 90, 80, 70번째. 계속 나의 책들이 태어나고 있습니다. 나는 이미 이루어 주셨다는 믿음으로 끝에서부터 봅니다. 아브라함을 움직이게 했던 그 하나님의 믿음이 내게 없었다면 나는 아마 책 쓰는 비법조차 알지 못했을 것입니다. 나의 스토리와 깨달음이 담긴 책들을 써내지 못했을 것입니다. 나의 복된 아내를 아내로 만들지 못했을 겁니다. 나의 두 아들을 하나님을 경외하는 의인으로 양육하지 못했을 겁니다. 천 명의 선교사를 파송하는 것과 같은 책 선교사를 파송하지 못했을 겁니다. 당신도 오직 믿음의 방패를 갖고 필요한 것을 찾으십시오.

"모든 것 위에 믿음의 방패를 가지고 이로써 능히 악한 자의 모든 불화살을 소멸하고." (엡 6:16)

나는 오직 믿음으로 나의 큰 소원들을 이루었습니다.
믿음의 방패가 나를 믿음 마인드로 승리하게 한 것입니다.

"그래도 전도해야 살지."
"그래도 기도해야 살지."
"그래도 성경 봐야 살지."
"그래도 책을 써야 살지."
"그래도 사랑해야 살지."

나는 누가 뭐라거나 말거나 꾸준히 전도하므로 하나님을 기쁘시게 하고 내게 성령님의 기쁨과 지혜가 충만하게 합니다. 나는 누가 뭐라거나 말거나 꾸준히 기도하므로 성령의 나타남 속에서 영적인 의인으로 삽니다. 나는 누가 뭐라거나 말거나 꾸준히 성경을 읽으므로 마음에 성경의 내용이 충만한 가운데 견고하게 삽니다. 나는 누가 뭐라거나 말거나 꾸준히 책을 쓰므로 나를 꾸준히 계발하며 천재적인 의식 수준을 유지하며 삽니다. 나는 누가 뭐라거나 말거나 꾸준히 사랑을 하므로 사랑의 기쁨 속에서 삽니다.

원수의 화살이 뭔지 분별해야 찾을 수 있다

예수님을 믿는 자든, 믿지 않는 자든 가리지 않고 도둑은 맞으면 죽는 화살, 멸망당하는 화살, 도적질당하는 화살을 쏘아댑니다. 기억하십시오. 마귀와 귀신들은 명절 휴가도 없고 잠도 자지 않고 당신의 영혼을 노략질한다는 것을.

어둠은 수많은 영혼이 진리의 빛 예수 그리스도를 찾지 못하게 막습니다. 영광의 복음 광채가 영혼들에게 비추지 못하도록 온갖 거짓말과 유혹으로 사람을 멸망시킵니다. 의인들이 복음 안에 담긴 가치 있고 풍성한 삶을 발견하지 못하도록 온갖 율법주의 저주 아래서 살게 합니다. 생명을 얻지 못하게 막으며 성령님 안에 있는 풍성한 삶을 누리지 못하게 교란합니다.

"도둑이 오는 것은 도둑질하고 죽이고 멸망시키려는 것뿐이요 내가 온 것은 양으로 생명을 얻게 하고 더 풍성히 얻게 하려는 것이라." (요 10:10)

시간과 건강과 돈을 도둑질하는 화살이 뭔지 알아야 합니다. 영혼을 죽이는 화살이 뭔지 알아야 합니다. 마음과 관계를 멸망시키는 화살이 뭔지 알아야 합니다. 양으로 생명을 얻게 함이 뭔지 알아야 합니다. 더 풍성한 생명이 뭔지 알아야 합니다.

나는 믿음으로 나의 소원성취를 위해 찾을 때 용기를 다하여 찾습니다. 믿음의 사람은 보통 용기로 움직이는 사람이 아닙니다. 그는 신적인 용기로 찾는 사람입니다. 대인관계에 대한 두려움을 그때그때 극복하고 마침내 소원성취의 기쁨을 누립니다.

무엇보다 하나님을 찾으라

'찾는다'는 말은 자기 주위에 그것을 가지고 있는 사람이 누군가 확인한다는 의미입니다. 결국 소원성취의 대부분은 사람이 갖고 있습니다. 배움도, 물건도 , 비결도 모두 사람이 갖고 있습니다.

컴퓨터나 스마트폰으로 검색을 하는 것도 결국은 어디에 있는지, 누가 갖고 있는지, 누구를 만나서 협상해야 하는지 알기 위함이 아닙니까?

믿음으로 찾지 않는 사람은 자기가 찾은 것을 보고 뒤로 물러납니다. "내가 이걸 어떻게 할 수 있단 말인가?" 하고 불신하며 낙심하고 포기까지 하게 됩니다. 하지만 오직 믿음으로 찾는 사람은 자기 힘으로 이룰 수 없는 큰일도 그보다 크신 하나님이 능히 이루어 주신 줄 확신합니다.

이렇게 큰 소원성취를 위해 뭔가를 믿음으로 찾는 게 중요합니다. 훌륭합니다. 그런데 그걸 아십니까? 무엇보다 하나님이 주신 하나님의 믿음으로 하나님을 찾는 자를 하나님은 기뻐하신다는 것을. 믿음만이 포기치 않고 찾도록 도와줍니다. 믿음만이 포기치 않고 찾도록 눈을 열어 줍니다. 믿음만이 포기치 않고 큰 용기를 내어 찾게 합니다.

마태복음 7장 7~8절의 '찾으라'는 원문으로 제테오(ζητέω)인데 이를 히브리인들은 '하나님을 열망하다, 하나님을 발견하기 위해 찾다'는 의미라 말합니다. '내 평생의 소원, 내 평생의 소원, 대속해 주신 사랑을 간절히 알기 원하네' 이렇게 찬송가에 있듯이 의인의 소원은 재물이 아닌 '오직 예수를 알아가는 것이 큰 소원'이 되어야 할 것입니다.

나도 예전에는 하나님이 주시는 재물의 복, 명예의 복 그런 것들을 추구하며 힘써 찾았습니다. 하지만 나는 오랜 시간 헤매다 깨달았습니다. 성 삼위일체 하나님만이 진정한 나의 상금이요 가치요 전부임을. 그때부터 나는 내 안에 살아 계신 영광의 소망이요 영광의 비밀이신 그리스도 깨닫기를 추구하고 있습니다.

"내가 너희 중에서 예수 그리스도와 그가 십자가에 못 박히신 것 외에는 아무것도 알지 아니하기로 작정하였음이라." (고전 2:2)

당신은 지금 무얼 찾고 싶습니까? 무얼 찾고 있습니까?

돈이든 사람이든, 방법이든 그리스도이든 이 모든 일에 당신과 내 안에 성령님이 스승 되셔서 돕고 계십니다.

"성령님, 어디서 찾을 수 있나요?"
"성령님, 어떻게 찾을 수 있나요?"

이렇게 믿음으로 성령님을 의지하고 도움을 요청하십시오. 전능하신 성령님이 다 찾게 해 주십니다. 할렐루야!

"찾으라. 그리하면 찾아낼 것이요. 찾는 이는 찾아낼 것이요." (마 7:7~8)

넷째 비결: 오직 믿음으로 두드리면 됩니다

오직 믿음으로 두드리면 된다

소원성취를 위해 두드리되 오직 믿음으로 두드려야 합니다.

오직 믿음의 용기를 다하여 두드려야 합니다. 믿음의 용기가 전신 갑주가 됩니다. 나를 지켜 줍니다. 믿음으로 사는 사람에게 가장 센 화살은 불신의 화살입니다. 부정적인 화살입니다.

"그런 건 없어."

"넌 안 돼."

"너의 소원은 이룰 수 없어."

"그냥 그대로 살아도 돼."

"그 사람은 널 안 만나 줄걸."

소원을 이루다 보면 별의별 소리가 다 들립니다. 내면에서 외면에서 왜 그리 말이 많은지. 그때 그런 것을 무시해야 합니다. 나의 갈 길에 집중해야 합니다. 소원성취를 잘하는 비결은 오직 믿음의 방패와 주님의 약속을 굳게 믿고 계속 두드리는 것입니다. 그리하면 열리게 됩니다.

두드림은 문을 여는 열쇠다

어떻게 해야 닫힌 문이 잘 열릴 수 있을까요?

첫째, 노크(knock, 타진하여 확인하다)해야 합니다.

누군가를 만나고 싶어서 그의 집이나 사무실에 찾아갔다면 문을 노크해야 있는지 없는지 알 수 있습니다. 노크는 문이 열리고 일이 성취되기 위한 전 단계입니다.

"똑똑똑, 안녕하세요?"

"똑똑똑, 계십니까?"

"똑똑똑, 실례합니다."

이렇게 노크해야 문 안에서 "누구세요?"라는 반응이 옵니다.

'두드리라'는 원문으로 크루오(κρούω)인데 명령어로 두드림의 중요성을 알려 줍니다. 노크는 몸을 움직여서 똑똑똑 두드리는 행동입니다. 움직여서 두드리면 문이 열립니다. 상대가 반응을 합니다. 어떤 일의 상황을 알고 다음 할 일을 알게 되는 것입니다.

나는 두드림을 실천이라고 생각합니다. 어떤 사람은 쉽게 생각하는데 사실 실천이 제일 어렵지 않던가요? 실천해야 사과를 나무에서 딸 수 있습니다. 실천해야 그 일의 열매를 딸 수 있습니다.

침대에서 알람에 맞춰 바로 일어나기가 어렵습니다.

게으른 사람은 손가락 하나 까딱하길 싫어합니다. 힘들어합니다. 집을 사고 싶고 책을 쓰고 싶은데 생각뿐입니다. 도무지 움직이지 않으니 세상에 누가 그에게 집을 갖다주며, 책 쓰는 비결을 갖다주며, 돈을 갖다주겠습니까? 전도를 하고 싶은데 적극적으로 움직여 행하지 않는다면 전도는 그냥 생각일 뿐입니다.

그는 '귀찮아'가 입에 배어 있습니다. 사람은 말대로 살게 되니까 말을 가려서 해야 합니다. '나는 즐거워, 나는 이 일이 즐거워.' 하며 즐기면서 해야 합니다. 실력이 좋은 사람보다 즐겁게 자기 일을 하는 사람이 더 큰 행복을 누립니다.

둘째, 두드려서 간을 봐야 합니다.

'간을 본다'는 말은 '음식 맛을 본다, 사람의 됨됨이를 파악한다, 상대의 반응을 가늠해 본다'는 말입니다. 어떤 것이든 부정적으로 생각하면 기분 나빠집니다. 하지만 선한 마음으로 간 보는 두드림은 좋은 것입니다.

수박이 잘 익었는지 안 익었는지 확인해야 맛있게 먹을 수 있습니다. 돌다리도 두드려 봐야 건너야 할지 다른 길로 가야 할지 알 수 있습니다. 두드려 봐야 나의 일이 어느 정도 진행되고 있는지 알 수 있습니다. 두드려서 일이 진행되는 간을 봐야 구체적으로 일을 진행할 수 있는 것입니다. 두드려 봐야 그 사람이 어떤 생각을 갖고 있는지 확인하고 대처할 수 있습니다.

두드리는 때를 성령님께 여쭈라

한번은 사고 싶지만 막연하게 알고 있던 아파트에 대해 믿음으로 두드려서 속 시원하게 확인한 적이 있습니다. 대로변에 있는 주상복합 아파트였는데 확인하기 전까지는 어떻게 그 일을 정리할 것인지 답답했지만 아파트를 소개해 주는 담당자와 집을 함께 둘러보며 전세를 끼고 어떻게 해야 살 수 있는지 나는 정확히 얼마를 준비해야 하는지 확인할 수 있었습니다.

나는 성령님께 여쭈었습니다. "성령님, 어떻게 할까요? 지금 방문해서 알아볼까요?" 성령님은 "그래, 지금 좋다. 두드려 봐."라고 하셔서 나는 믿음으로 두드렸고 속 시원하게 그다음 해야 할 일을 진행할 수 있었습니다. 나는 그 일에 대해 좀 더 시간이 지난 후에 계약해야 함을 깨달았습니다.

이처럼 집을 사든, 차를 사든, 직장에 취직을 하든, 사업을 하든 그 일에 대해 할 마음이 생겼으면 믿음으로 두드려서 자기 소원의 간을 보는 것이 중요합니다.

"문을 두드리라. 그리하면 너희에게 열릴 것이니 두드리는 이에게는 열릴 것이니라." (마 7:7~8)

전화로 물어볼 수 있고 카톡, 문자로 물어볼 수 있고 직접 만나서 물어볼 수 있는 것입니다. 어느 것이 좋다고 할 수 없고 그때그때 상황에 따라 맞는 방법을 통해 두드리면 좋을 것입니다.

물어봐야 상황을 알 수 있습니다. 몸을 움직여서 두드려 봐야 일의 간이 짠지 싱거운지 매운지 안 매운지 알 수 있습니다. 가만히 있는다고 누군가 물어다 주는 게 아닙니다.

"꿈꾸는 것도 훌륭하지만 꿈을 실행에 옮기는 것은 더 훌륭하다. 신념도 강하지만 신념에 실행을 더하면 더 강하다. 열망도 도움이 되지만 열망에 노력을 더하면 천하무적이다."

- 토머스 로버트 게인즈(Thomas Robert Gaines)

집을 살 때 두드려서 간을 봐야 돈이 얼마나 드는지, 미래 비전이 있는 투자인지 알 수 있습니다. 결혼을 할 때 두드려서 간을 봐야 내가 그와 언제쯤 결혼할 것인지 알 수 있습니다. 책을 출간할 때 노트북을 펼쳐 타자를 쳐 봐야 원고가 쌓이고 교정도 보게 되고 가치를 증가시켜 멋진 책으로 유통까지 할 수 있는 것입니다.

당신이 지금 소원성취하길 바라는 것은 무엇입니까?

지금 일어나 두드려 보십시오. 움직여서 실행해 보십시오. 그다음으로 해야 할 일이 생깁니다. 방향이 더 구체적으로 드러납니다. 마침내 바라던 문이 열려 소원성취의 기쁨을 누릴 것입니다.

다섯째 비결: 오직 믿음의 시간 걸림을 알면 됩니다

소원성취엔 믿음의 시간이 걸린다

당신은 소원성취마다 때가 있음을 아십니까?

소원마다 이루어지는 시간이 있음을 알아야 합니다. 그때를 잘 인지하고 인내한다면 만족하는 성취를 얻을 수 있습니다.

라면을 먹겠다는 소원은 5분 만에 이루어집니다. 새로 지은 밥을 먹겠다는 소원은 40분 정도면 이루어집니다. 집을 살려는 소원은 한 달, 일 년, 십 년 아니면 하루 만에 이루어지기도 합니다.

"모든 일에는 다 때가 있다. 세상에서 일어나는 일마다 알맞은 때가 있다." (전 3:1)

가령 나는 얼마 전에 겨울용 운동화를 갖고 싶었는데 마음에 결단을 하고 움직여서 구입하기까지 2개월이 걸렸습니다. 소원성취에 필요한 시간은 관심의 정도나 준비된 정도에 따라 시간을 단축시킬 수도 있고 시간이 길어지게도 할 수 있다는 의미입니다.

"왜 빨리 소원이 이루어지지 않는 거야?"
"아, 정말 짜증 나."

이렇게 조바심을 갖지 말아야 합니다. 각각의 소원성취엔 알맞은 때가 있고 각각의 소원성취를 누리려면 알맞은 마인드를 갖고 살아야 합니다. 나는 부요 마인드로 알맞은 때 알맞은 소원성취를 하며 살고 있습니다. 하나님이 응답하셨다는 믿음. 구주 예수 그리스도가 다 이루어 주었다는 믿음. 성령님이 내 꿈을 이루어 주고 계신다는 믿음. 이런 믿음 마인드가 부요 마인드입니다.

조급함, 성급함, 참지 못함. 그런 마음이 있거든 얼른 버려 버리십시오. 그런 마음이 들거든 얼른 털어 버리십시오. 성급한 마음은 시간이 걸린다는 것을 생각하지 못하게 합니다. 눈을 멀게 해서 과정을 즐기지 못하게 합니다. 마음에서 그리스도의 평강이 소멸되게 합니다. 그런 마음은 실수를 불러일으키고 후회하게 만드는 일을 하게 합니다. 제발 조급해하지 말고 마음을 진정시키십시오.

하나님을 믿으면 여러 가지 일이 즐겁게 성취된다

하나님이 당신을 위해 일하고 계심을 믿습니까?

하나님이 당신을 위해 일하고 계심을 굳게 믿어야 합니다.

그래야 잠잠히 전능하신 하나님을 바라볼 수 있습니다. 지금 다시 하나님을 믿으십시오. 조바심은 사라지고 차분한 마음이 될 것입니다. 하나님께 믿음으로 구했다면 하나님이 말씀하신 그 약속을 믿으십시오. 큰 바위 같은 말씀이 흔들리는 당신을 요동치지 않게 할 것입니다. 기도하고 구한 것은 받은 줄로 믿으라 하셨으니 받은 줄로 믿고 생각하고 말하고 행동하십시오. 믿음의 자신감이 현실을 통치해 줄 것입니다.

믿음은 시간과 공간을 초월해서 받았다고 믿는 것입니다.

받았다고 믿는 그 자신감이 즐겁게 참게 합니다. 한 가지 소원성취에 매여 고통스러워하지 않게 하며 여러 가지 일을 조화롭고 균형 있게 하여 즐겁게 성취하도록 해 줍니다. 당신의 소원성취보다 중요한 것은 당신의 마음의 기쁨입니다. 성취보다 중요한 것은 하나님입니다. 하나님과 함께 큰 소원성취도 하나님의 믿음으로 본다면 조급함에 시달리지 않고 충만한 기쁨으로 성취할 수 있는 것입니다. 하나님을 믿고 즐겁게 소원성취하십시오.

일의 처음과 끝은 다 하나님의 손에 달려있다

전에 목회를 할 때 네 가족이 예배당에서 생활한 적이 있습니다. 성령님의 인도를 따라 예배당을 정리하는 상황이었고 문서 선교를 주 사역으로 하던 때였습니다. 그때가 아주 추운 겨울이었는데 한 목사님이 와서 계약을 했습니다. 그 후 나는 집을 알아보았습니다. 그런데 그 계약을 했던 목사님이 일방적으로 갑자기 계약을 파기했습니다. 주인댁과 계약을 먼저 했기에 우린 이미 집을 얻었습니다. 주인은 다른 임차인이 들어오기 전에는 돈이 없다고 했었으나 어쩔 수 없는 상황임을 알고 돈을 구해 주었습니다.

"하나님이 모든 것을 지으시되 때를 따라 아름답게 하셨고 또 사람들에게는 영원을 사모하는 마음을 주셨느니라. 그러나 하나님이 하시는 일의 시종을 사람으로 측량할 수 없게 하셨도다." (전 3:11)

처음엔 계약을 파기한 목사님이 이해가 가지 않았지만 숨 가쁘게 일이 진행되었고 나중에 가만히 생각해 보니 하나님이 그 목사님을 통해 우리가 집을 합법적으로 알아보고 마침 열흘 안에 나가야 하는 집을 만나 계약하고 이사를 하게 한 것이었습니다.

"여보, 이 일은 생각하면 할수록 하나님이 우리 가족을 사랑하시는 게 분명해요. 오, 하나님. 이렇게 마음에 들고 넓고 좋은 집에서 우리 가족이 살게 해 주셔서 감사합니다. 사랑합니다. 하나님."

우리는 서로 대화하다가 마주 보고 울면서 그 추웠던 엄동설한에 우리 가족을 기적적으로 인도하신 하나님께 감사의 기도를 올렸습니다. 이처럼 일의 시종은 하나님께 있습니다. 당시엔 이해가 안 돼도 당신은 하나님을 끝까지 신뢰해야 합니다. 당신과 내 안에 살아 계신 크신 하나님이 끝까지 돌보심을 확신해야 합니다.

당신도 일의 시종을 주관하시는 하나님을 범사에 인정하십시오. 염려로 마음이 파도침 당하지 않고 아름다운 큰 호수처럼 잠잠히 하나님만 바라보고 하나님의 평강 속에 잠겨 잠잠히 행복하게 사십시오. 그렇게 자고 깨다 보면 소원들이 하나하나 이루어짐을 경험할 것입니다.

"아무것도 염려하지 말고 다만 모든 일에 기도와 간구로, 너희 구할 것을 감사함으로 하나님께 아뢰라. 그리하면 모든 지각에 뛰어난 하나님의 평강이 그리스도 예수 안에서 너희 마음과 생각을 지키시리라." (빌 4:6~7)

여섯째 비결: 오직 믿음으로 직접 해야
시원하게 성취됩니다

내가 믿음으로 직접 하는 게 속 시원하게 성취된다

예전에 나는 바라는 것에 대한 성취를 타인에게서 찾았습니다. 그랬더니 참 지루하고 더디고 짜증이 났습니다. 여러 번 시행착오 끝에 나는 깨달았습니다. 내가 직접 해야 함을.

"그래, 맞아! 내가 직접 하면 이렇게 빨리 소원성취되는 것을 왜 몰랐을까?"

옷을 사는 것, 신발을 사는 것, 집을 사는 것, 연락해서 직접 움직여 사람을 만나 책을 출간하는 것 등등 소원을 하나둘 직접 성취해 보니까 이제는 자신감이 생겼습니다.

나는 가족이 해 주길 보채는 아들에게 말했습니다.

"네가 직접 해라. 그러면 네 소원이 3분이면 이루어진다. 근데 다른 사람이 사다 주길 기다리면 원망하는 마음이 생기고 짜증이 난다. 그러니 직접 움직여 봐."

잠시 후 아들은 직접 슈퍼에 가서 필요한 것을 사 왔고 그 후로 직접 해결하는 일이 많고 자기 앞가림을 잘하며 살고 있습니다.

나는 하나님의 음성을 따라 직접 책 쓰는 작가가 되었습니다. 직접 출판 사업가가 되었습니다. 직접 돈을 벌고 직접 인쇄비를 모아서 직접 인쇄소와 거래하여 직접 책을 출간하여 유통하므로 아름다우신 주 그리스도 복음을 전하고 있습니다. 윌리엄 보엣커는 "기골(奇骨) 있는 한 사람의 행동이 차골(叉骨)만 있는 천 명보다 더 많은 것을 이룬다."라고 했습니다.

아브라함이 하나님의 말씀을 듣고 직접 가나안 땅으로 내려갔습니다. 이삭이 하나님을 믿고 직접 농사를 지었습니다. 야곱이 하나님의 음성을 듣고 직접 곳간을 준비하고 일했습니다. 직접 가족들과 재물을 거느리고 고향으로 갔습니다.

다윗은 하나님을 의지하여 직접 전쟁터에 나가 싸웠습니다.

요셉은 하나님의 계시를 받아 직접 칠 년간 곡물을 저축했고 칠 년간 곡식을 팔았습니다. 모세는 하나님의 음성을 따라 바로 앞에 직접 가서 하나님의 뜻을 전했습니다.

나는 직접 가정을 돌보고 있습니다. 아내가 좋아하는 국산 서리태

콩을 직접 알아봤고 직접 사다 먹고 있습니다. 어제는 아예 여주에서 생산되는 3kg짜리 서리태를 주문했습니다.

"나는 서리태 콩이 듬뿍 있는 밥이 너무 좋아요."
"여보, 내가 평생 콩밥(?) 먹게 해 줄게요."
"고마워요."

나는 직접 제철에 따라 과일과 채소를 냉장고에 사다 놓습니다.

나는 직접 어머니에게 용돈을 드립니다. 맛있는 음식을 준비해서 드시게 합니다. 나는 직접 어머니를 위해 축복기도해 줍니다.

소원성취하는 일이란 직접 해야 직진이 됩니다. 쓸데없는 시간 낭비가 없고 바라는 때에 이루어진다는 말입니다. 당신도 타인을 의지하던 습관은 버리고 이제부터 직접 하십시오. 그게 서로 행복합니다. 내가 직접 해서 이루는 소원은 짜릿합니다.

일곱째 비결: 오직 믿음으로 시작하고 진행하고 마감하면 됩니다

각 소원은 믿음으로 시작, 진행, 마감하면 된다

당신은 무엇으로 사십니까? 나는 오직 믿음으로 삽니다.

나는 매일 오직 믿음으로, 믿음으로 삽니다. 그래서 나는 각 소원을 이루어 갈 때 믿음으로 시작했고 믿음으로 진행했고 믿음으로 마감했습니다.

한 권 한 권 내 책을 쓰고 책을 출간하고 유통할 때 나는 오직 믿음으로 해냈습니다. 그랬더니 뒤탈이 없었습니다. 나의 힘이나 나의 감정이나 내 뜻대로 일을 하면 뒤탈이 있었습니다. 하지만 나는 예전에 살던 방식을 과감히 버렸고 하나님의 믿음 방식을 가슴에 새긴 후부터 나는 오직 믿음으로 살았던 것입니다.

"믿음이 이기네. 믿음이 이기네."
"주 예수를 믿음이 온 세상 이기네."

 그렇습니다. 우리 안에 실제로 살아 계신 크신 예수님. 세상보다 크신 예수님을 믿고 어떤 일이든 시작하고 진행하고 마감하는 것이 큰 복이며 큰 지혜인 것입니다.

'오믿시진마'로 일을 성취하라

 일할 때는 항상 '오믿시진마'를 기억하십시오.
 오직 믿음으로 시작하고 오직 믿음으로 진행하며 오직 믿음으로 마감하라는 말이죠. 그리하면 일이 성취되는 보상을 하나님께 받을 것이며 당신의 믿음을 하나님이 기뻐하실 것입니다.
 물 위를 걷던 베드로가 풍랑을 보고 다시 물에 빠졌습니다.
 우리도 믿음으로 물 위를 걷다가 마음에서 믿음이 빠져나가면 바로 물에 빠져 버립니다. 현실 상황에 푹 빠져 낙심합니다. 혹시 당신은 다음과 같이 흔들리지 않습니까?

"나는 오감에 민감해요. 그래서 하나님의 언약에 대한 믿음으로 살다가도 금방 나의 생각, 나의 감정, 나의 몸이 이끄는 대로 살아요. 어떻게 살아야 할지 잘 모르겠어요."

그러지 말고 당신은 오직 믿음에서 믿음으로 살아야 합니다.

나는 오직 믿음으로 흐린 날씨를 뚫고 그날의 책 쓰기를 합니다. 나는 오직 믿음으로 무거운 몸을 이끌고 그날의 일을 해냅니다. 나는 오직 믿음으로 전염병의 위험을 뚫고 내 자리를 지킵니다. 나는 오직 믿음으로 거래를 합니다.

하나님의 복음을 자랑스러워하라

하나님의 믿음은 크고 위대해서 아브라함처럼 75세가 되어도 하나님의 말씀에 순종하여 떠날 곳을 떠나게 합니다. 하나님의 믿음은 크고 위대해서 빈손이었다가 믿음으로 재산을 경영하여 야곱처럼 6년 만에 거부가 되게 합니다. 하나님의 믿음은 크고 위대해서 죽음의 고난과 노예의 고난과 감옥의 고난에서 세계의 권세자가 되는 소원을 성취하게 합니다. 하나님의 믿음은 크고 위대해서 다윗처럼 목동에서 한 나라의 왕이 되게 합니다. 온갖 전쟁에서 승리하게 합니다. 온갖 일에서 성공다운 성공과 성취다운 성취를 누리게 합니다. 그래서 의인은 오직 믿음으로 일을 시작하고 진행하고 마감해야 하는 것입니다.

어떻게 하면 소원들이 성취다운 성취가 될 수 있을까요?

첫째, 그리스도 복음을 부끄러워하지 않아야 합니다.

의인 중에서 소원성취는 좋아하지만 그리스도를 부끄러워하는 이가 있습니다. 하나님이 주시는 재물은 좋아하지만 하나님 아버지를 경외함은 싫어하는 자가 있습니다. 돈은 좋아하지만 성령님의 인도를 받아 사는 것을 싫어하는 자가 있습니다.

복음(福音, Gospel)은 성 삼위일체 하나님이십니다. 복음을 부끄러워함은 우리를 먼저 사랑하셨고 하나님의 아들을 우리 죄 때문에 주신 하나님의 마음에 못 박는 일입니다.

나는 하나님의 사랑의 결정체인 복음, 곧 그리스도 예수 내 주님을 부끄러워하지 않습니다. 내 안에 그리스도가 계시기에 나는 살며 기동하고 인생의 가치가 있습니다. 살맛이 있습니다.

내가 복음을 부끄러워하지 않는 모습을 어디서 볼 수 있을까요? 내가 꾸준히 은혜의 복음을 전파하고 있는 모습에서 볼 수 있습니다. 나는 성령의 인도하심을 따라 순종하여 때를 얻든지 못 얻든지 복음의 말씀을 전파하고 있습니다. 매일 그다음에 출간할 책을 생각하며 책을 보고 책을 씁니다. 내가 잘하는 것 중의 하나인 전도지 전도를 믿음으로 하여 나의 하나님을 기쁘시게 합니다.

"내가 복음을 부끄러워하지 아니하노니 이 복음은 모든 믿는 자에게 구원을 주시는 하나님의 능력이 됨이라. 먼저는 유대인에게요 그리고 헬라인에게로다. 복음에는 하나님의 의가 나타나서 믿음으로 믿음에 이르게 하나니 기록된 바 오직 의인은 믿음으로 말미암아 살리라 함과 같으니라." (롬 1:16~17)

얼마 전 명절 때에는 가문 예배를 인도하며 친인척들에게 또 복음을 전했습니다. 가족이 함께 기도하는 가운데 나의 동생이 예수님을 구주로 영접했습니다. 나는 복음을 책으로, 입으로, 전도지로 전할 때 나의 예수님이 얼마나 기뻐하시는지 나는 성령님이 강력하게 부으시는 기쁨을 통해 또 확신했습니다. 복음은 나의 자랑이요 나의 자존감이요 나의 자존심입니다.

당신도 믿음의 근원인 복음을 부끄러워하지 마십시오. 오히려 당신을 전인적으로 구원한 복음을 자랑스럽게 여기십시오. 복음을 부끄러워하면 사람들에게 수치를 당합니다. 하지만 복음을 기쁘게 여기면 영생하시는 하나님의 사랑하심을 누리며 삽니다.

복음의 능력이 모든 면에서 우리를 살렸다

둘째, 복음은 모든 믿는 자에게 구원을 주시는 하나님의 능력이 됨을 확신해야 합니다.

하나님은 그리스도 복음을 통해 당신과 내가 천국에 가도록 구원하셨습니다. 거기다 덤으로 인생에서 필요한 소원성취에 대한 구원도 주셨습니다. 당신의 소원들에 대한 구원이 바로 소원성취가 아니겠습니까?

일을 성취하시는 하나님. 일의 시종을 주관하시는 하나님. 벌레 한 마리도 바로 왕 같은 사람의 마음도 주관하시는 하나님.

하나님은 복음 곧 그리스도 주님을 통해 인생의 필요한 것들을 구하게 하셨고 응답하셨고 찾아내게 하셨고 열리게 하셨습니다.

큰 능력의 복음이 주저주저하는 당신을 도와서 그 소원성취가 시작되게 합니다. 큰 능력의 복음이 대인관계에 취약하고 처음 가는 길도 용기 있게 걸어가서 그 일을 진행하게 합니다. 큰 능력의 복음이 하나하나의 소원이 성취될 때마다 "나의 하나님, 억만 번이나 감사합니다. 내가 소원마다 성취하는 건 다 하나님의 은혜입니다."라고 감격 속에서 하나님께 찬미의 제사를 드립니다.

복음은 포도나무 예수님과 하나 되어 일이 성취다운 성취가 되게 합니다. 복음이 당신과 나를 영원히 사랑하신 하나님 아버지의 사랑 속에서 성공다운 성공을 하게 합니다. 복음이 당신과 나의 전부이신 성령님의 인도하심을 받아 평온함으로 말미암아 기뻐하는 중에 소원마다 다 성취하게 합니다.

마음과 생각과 생활에 오직 의의 복음, 성령 충만의 복음, 건강의 복음, 부요의 복음, 지혜의 복음, 평화의 복음, 생명의 복음, 의지의 복음, 가치의 복음, 능력의 복음으로 충만하게 합시다.

셋째, 복음에는 하나님의 의가 나타나서 믿음으로 믿음에 이르게 함을 확신해야 합니다.

그리스도 복음은 모든 것에 믿음으로부터 믿음에(by faith from first to last, NIV) 이르게 합니다. 복음 안에 하나님의 의, 의인으로 인정하심, 사랑하심, 보호하심, 채우심 등이 있습니다.

'복음은 구원의 시작이고 마침입니다.'
'복음은 성공의 시작이고 마침입니다.'
'복음은 성취의 시작이고 마침입니다.'
'복음은 지혜의 시작이고 마침입니다.'
'복음은 부요의 시작이고 마침입니다.'

'복음은 가치의 시작이고 마침입니다.'
'복음은 능력의 시작이고 마침입니다.'

불신자는 하나님의 의가 뭔지 모릅니다. 의인인데 육신에 거하는 자는 하나님의 의의 능력이 얼마나 큰지 조금밖에 모릅니다. 의인인데 성령의 인도하심 속에 사는 자녀는 하나님의 의가 얼마나 큰지 압니다. 그는 그 은혜의 의(義), 곧 은혜의 복음에 감격하며 항상 삽니다. 당신도 복음의 말씀을 가슴에 깊이 새기십시오. 항상 복음이 부어 주는 기쁨과 능력 가운데 살 것입니다.

Part 4

하나님의 인도하심을 따라 소원성취하라

하나님께 인도받음에 대하여

의인은 목자가 있어야 행복한 양이다

당신은 성령님의 인도를 받으며 사십니까?

나는 매일 성령님의 인도를 받으며 삽니다. 나는 매일 감사와 기쁨과 부요가 넘치는데 성령님의 인도 속에 살아서 그런 것입니다. 성령님은 변함없는 사랑으로 의인들을 인도하시길 기뻐하십니다. 의인들은 목자 되신 그리스도의 양 떼입니다.

양은 목자 없이 혼자서 살지 못합니다. 맹수로부터 자기를 지킬 수 없고 자기에게 유익한 풀이 어디 있는지 찾을 능력이 없습니다. 따라서 의인은 그리스도의 영이신 성령님의 인도를 받아 사는 게 최고로 좋습니다.

더 좋은 것을 찾도록 인도하시는 성령님

　내가 찾으려 했던 노동으로 돈 버는 법보다 성령님은 더 좋은 정보업도 하게 하셨습니다. 내가 찾으려 했던 세상 학문보다 성령님은 더 좋은 정통 신학을 배우게 해 주셨습니다. 내가 찾으려 했던 행복한 일상보다 성령님은 더 좋은 책을 쓰는 복음 작가의 행복한 일상을 살도록 내 인생을 변혁시켜 주셨습니다.

　내가 찾으려 했던 아내보다 성령님은 더 예쁘고 사랑스러운 여인을 아내로 맞아 행복하게 살도록 인도하셨습니다. 내가 찾으려 했던 세상 친구보다 성령님은 내게 최고의 친구가 되어 주셨습니다. 내가 찾으려 했던 전도법보다 성령님은 내게 덤으로 탁월한 전도법인 책 전도 길을 열어 주셨습니다.

　내가 찾으려 했던 자비량 복음 전도자보다 성령님은 내게 더 좋은 작가와 강연가와 책 쓰기 코치와 사업가와 자산가의 길을 가며 더 모든 것에 만족하고 넉넉한 자비량 복음 전도자로 살게 해 주셨습니다. 나는 예수님 앞에서 양과 같이 약함을 인정합니다.

　내가 내 인생을 잘되게 하려고 노력해 봤지만 내가 주인인 인생엔 만족과 기쁨이 없음을 깨달아서 그렇습니다. 나는 육체적으로 살았던 에서처럼 실패한 후에 영의 사람인 나는 오직 성령님의 인도를 받아 살 때가 가장 가치 있고 행복함을 깨달았습니다.

　나는 이제 적극적으로 나의 목자 되신 성령님께 요청합니다.

　"사랑하는 성령님, 생명을 말씀에 사로잡혀 살게 해 주세요."

"사랑하는 성령님, 마음과 생각을 지켜 주세요."
"사랑하는 성령님, 몸을 강건하게 해 주세요."
"사랑하는 성령님, 생활을 형통하게 해 주세요."
"사랑하는 성령님, 이 문제는 어떻게 해야 할까요?"

그리하면 성령님은 내가 생각한 것보다 더 넘치도록 채워 주십니다. 모세의 생각을 뛰어넘어 바다의 물고기나 땅의 동물 고기가 아닌 공중에서 메추리 떼를 보내어 고기 문제를 해결해 주신 것처럼 내 문제를 기이하게 해결해 주십니다.

이것이 성령님께 인도받는다는 의미다

성령님께 인도받는다는 의미는 무엇일까요?
내 힘이나 지혜나 지식으로 할 수 없음을 다 인정하고 성령님을 나의 인도자로 인정한다는 의미입니다.
"맞아요. 나는 약한 그릇과 같은 사람이고 성령님은 천지 만물을 만드신 능력의 하나님이십니다."라고 하나님의 하나님 되심과 나의 사람됨을 인정하는 것입니다. 성령님의 인도 속에 참된 평화와 만족과 가치가 있음을 알고 성령님의 힘으로 산다는 의미입니다. 자기 힘으로 할 수 없음을 깨닫고 성령 하나님을 범사에 인정하는 사람이 인도하심을 잘 받게 됩니다.
어떻게 해야 성령님의 인도하심을 잘 받을 수 있을까요?

첫째, 말씀을 보내어 인도하심을 깨달아야 합니다.

성령님은 문제에 부딪혔을 때 말씀을 떠올리게 하십니다.

"내가 네게 명령한 것이 아니냐. 강하고 담대하라. 두려워하지 말며 놀라지 말라. 네가 어디로 가든지 네 하나님 여호와가 너와 함께 하느니라." (수 1:9)

예전에 큰 힘이 되었던 이 말씀이 최근에 가슴에서 떠올라 내게 큰 용기를 주어 놀랐습니다. 살아 계신 성령님은 생각나게 하시거나 알아듣기 쉬운 단어나 생각과 감동을 주어 인도하십니다. 말씀을 전하거나 듣는 중에 감동으로 가슴에 새기게 해서 그 말씀의 능력이 우리를 사로잡아 행하도록 인도하십니다. 모든 근거는 하나님의 말씀에 있는 것이지요.

"그가 그의 말씀을 보내어 그들을 고치시고 위험한 지경에서 건지시는도다." (시 107:20)

그렇습니다. 성령님은 자신의 말씀을 통해서 그의 자녀들을 문제에서 건지십니다. 성경 말씀을 들을 때 깨닫게 하여 인도하시고 하나님의 마음과 사랑을 깨닫고 하나님을 더욱 경외하며 사랑하게 하십니다.

둘째, 세미한 음성으로 명확하게 말씀하십니다.

나의 경우엔 "내가 널 사랑한다."라는 말씀을 자주 듣습니다. 나도 두 아들을 대할 때 사랑하는 마음을 갖는데 하나님도 우리에게 해 주는 음성 중 최고는 '사랑'이 아니겠습니까?

"강하고 담대하라. 내가 너와 함께한다. 네가 기도한 것을 성취했다. 너는 나만 바라보라. 네게 천재적인 지혜가 넘친다."

범사에 성령님을 인정하면 범사에 필요한 음성을 이렇게 들려주십니다. 그래서 의인은 범사에 성령님을 인정해야 합니다. 나는 아이 같은 태도를 버렸고 범사에 성령님을 나의 전부로 인정했습니다. 범사에 성령님을 존중하며 인정하는 말을 합니다.

"성령님, 사랑합니다. 성령님, 행복합니다."
"성령님, 감사합니다. 성령님, 도와주소서."
"성령님, 함께하소서."

아침에 의식이 깨면 침대에서 일어나기 전부터 나의 의식은 기도를 자동으로 합니다. 요즘은 시편 18장 1~3절을 여러 번 암송하며 기도합니다. 그러다 보면 어느새 나의 의식은 성령님에 대한 생각으로 가득 차게 되고 물 흐르듯 기도 속에 잠깁니다.

"성령님이시여. 성령님은 나의 반석이시오. 나의 요새시오. 나를 건지시는 분이십니다. 성령님은 나의 하나님이시오. 나의 바위시오. 나의 방패시오. 나의 구원의 뿔이시오. 나의 산성이시오. 나의 찬송이십니다. 성령님. 오늘도 코로나 19로부터 나라와 민족을 지켜 주소서.

저와 가족을 지키시고 인도해 주소서. 우리가 하는 모든 일, 모든 사업, 모든 직장 일을 형통하게 해 주소서. 오, 나의 성령 하나님, 사랑합니다."

성령님을 존중히 여기는 태도의 말이 먼저 필요합니다. 행동이 있기 전에 말부터 시작되니까요. "너는 범사에 그를 인정하라. 그리하면 네 길을 지도하시리라." (잠 3:6) 배의 몸체에서 가장 작은 키가 큰 배의 방향을 틀며 중대한 안전을 결정하듯이 아침에 내가 한 작은 말이 나의 하루 삶의 방향을 틀어줌을 기억해야 합니다. 주님의 영이신 성령님께 나의 하루를 맡길 때 성령님은 그의 믿음의 말을 기뻐하시고 그의 말대로 복되게 하십니다.

당신의 감정도 성령님의 인도를 받아야 한다

당신은 하나님께 인도를 받으며 사십니까?
나는 나의 믿음의 주요 온전하게 하시는 주 예수님께 나의 마음가짐, 감정, 의지에 대해 인도를 요청합니다.

"아니, 감정도 인도를 요청해야 하나요?"

그렇습니다. 감정은 하나님이 주신 선물 중 하나입니다. 감정은 때로 이유도 따지지 않고 일을 처리합니다. 그게 좋은 쪽으로 처리하면 좋겠지만 반대로 부정적인 일로 처리되면 손해가 됩니다.

예를 들어 친구와 관계가 틀어지거나 가족과 관계가 틀어지거나 학교 교수와 관계가 틀어질 수도 있겠죠. 의와 평강과 희락의 복을 누리는 성령님의 인도를 받지 않으면 육체의 인도를 받아 미움, 다툼, 시기, 경쟁의 고통 속에서 살아야 합니다.

내가 하늘의 의를 대신할 수 있다고 고집부리면 안 됩니다. 그러면 율법주의에 빠져 자기 고행을 하다가 아까운 시간을 낭비합니다. 내가 그리스도의 평강보다 더한 평화를 만들겠다고 하면 거기엔 참 평화가 없음을 알아야 합니다. 내 힘으로 만든 희락, 즐거움, 기쁨을 누리겠다고 한다면 그건 모래성 같고 높은 온도에 금방 녹는 아이스크림처럼 무용지물이 될 것입니다. 그러지 말고 사람의 영혼에 참으로 만족스러운 감정을 주는 성령님의 감정 인도함 안에서 살아야 합니다.

당신은 목자이신 주님이 보낸 목자 되신 성령님의 인도하심을 받으십시오. 성령님이 더 좋은 것으로 찾아 주심을 믿으십시오. 범사에 하시는 그분의 음성에 귀 기울이고 성경 말씀으로 분별하며 감정도 사업도 다 맡기십시오. 당신은 평온함을 인하여 기뻐하는 중에 소원성취를 할 것이며 나날이 번창하게 될 것입니다.

"저희가 평온함을 인하여 기뻐하는 중에 여호와께서 저희를 소원의 항구로 인도하시는도다." (시 107:30)

하나님의 인격을 믿으라

당신은 하나님의 인격을 믿습니까?

나는 하나님의 성품, 곧 인격을 믿습니다. 하나님은 큰 사랑으로 예수님을 내게 보내 주셨고 하나님의 아들 예수님은 나의 죗값을 치르기 위해 십자가에 매달려 죽어 주셨습니다. 이제 주의 영이신 성령님은 양같이 미련한 나를 큰 인자하심으로 내가 이 예수를 알고 믿고 사랑하며 살도록 도우셨습니다.

전에 나는 하나님에 대해 잘못 믿었습니다.

내 육신의 아버지는 엄한 분으로 기억되는데 어려서 잘못하면 엄하게 혼나곤 했습니다. 그래서 그런지 나는 하나님도 잘못하면 무섭게 혼내기만 하는 신인 줄 오해했습니다.

하나님은 완벽하게 살지 못하는 나에게 벌주기를 즐기는 분으로 알았습니다. 매서운 눈초리와 매서운 회초리로 내가 잘못하기를 기다렸다가, 걸렸다 하면 때리고 고통스럽게 하며 형벌 주기를 즐기는 하나님으로 오해했던 것입니다.

그런데 성령님은 그런 분이 아니셨습니다. 성령님은 수십 년 동안 내게 노하기를 더디 하셨고 큰 인자하심으로 나의 갈 길을 가르쳐 주셨기 때문입니다. 성령님으로 아버지 하나님은 나와 함께 계시는데 그분은 세상과 사람이 줄 수 없는 큰 사랑을 내게 부어 주셨던 것입니다. 은혜로우신 성령님은 평생 그 크신 하나님 아버지의 사랑을 깨닫고 감격하도록 도와주십니다.

당신도 혹시 은혜로우시며 긍휼이 많으시며 노하기를 더디 하시며 인자하심이 크신 예수님을 믿지 못하고 있진 않습니까? 하나님의 인격에 대한 오해를 풀어야 합니다. 예수님은 당신을 있는 그대로 사랑하시며 받으셨습니다. 그리스도의 영 성령님은 당신을 정죄하는 게 아니라 주의 은혜에 대해 더 깊이 깨닫게 하십니다. 아버지의 한없는 사랑에 대해 알려 주십니다. 자신이 전능한 하나님 되심을 알게 하십니다.

하나님의 인격에 대해 힘써 알자

하나님이 어떤 분인지 아십니까?

나는 나의 하나님이 내게 은혜가 되셨으며 많은 긍휼로 나를 대하시며 끊임없이 참아주시고 큰 인자하심으로 나를 대하심을 확신합니다. 나는 다음의 말씀을 참 좋아합니다.

"여호와는 은혜로우시며 긍휼이 많으시며 노하기를 더디 하시며 인자하심이 크시도다." (시 145:8)

예수님은 은혜로우신 분입니다. 그분은 아무 조건 없이, 아낌없이 자신을 당신의 죗값을 치르기 위해 희생하셨습니다. 온 천하보다 귀한 당신의 영혼을 구원하기 위해 있어서는 안 될 죗값 때문에 처참하게 십자가에 매달려 죽으신 것입니다. 이 구원의 은혜에 대해 사람이 해야 할 것은 오직 믿음밖에 없습니다. 누구든지 주의 이름을 부르는 자는 구원을 얻으리라. 당신은 오직 예수 이름에 구원이 있음을 명심해야 합니다. 천하 인간에게 구원을 얻을 만한 이름을 '나사렛 예수' 외에는 주신 적이 없기 때문입니다.

"다른 이로써는 구원을 받을 수 없나니 천하 사람 중에 구원을 받을 만한 다른 이름을 우리에게 주신 일이 없음이라." (행 4:12)

'이 은혜의 예수님을 지금 믿으십시오.'
'이 은혜의 예수님을 지금 다시 믿으십시오.'
'이 은혜의 예수님을 지금 다시 믿고 용기를 내십시오.'

나는 매일 이 은혜의 예수님을 의지하고 삽니다.
아, 값없이 어제나 오늘이나 영원토록 은혜를 부으시는 예수님을 나는 사랑합니다. 당신도 그렇지요? 서울에서 부산을 가도 기차나 비행기 삯을 내야 합니다. 만약 천국으로 들어가는 값이 있다면 얼마나 비쌀까요? 또, 하나님 나라에서 살아야 하는 값은 또 얼마나 비쌀까요? 그런데 값으로 따질 수 없는 어마어마한 그 값을 예수님은 자기 몸을 버리시어 모든 값을 지불하신 것입니다. 예수님은 우리의 구원이 되셨고 천국으로 갈 수 있는 푯값과 천국에서 누릴 수 있는 모든 것을 다 거저 주신 것입니다.

이 얼마나 놀라운 큰 복입니까?

'내게 큰 은혜를 베푸시는 나의 하나님. 사랑합니다.'
'내게 큰 긍휼을 베푸시는 나의 하나님. 사랑합니다.'
'내게 큰 관용을 베푸시는 나의 하나님. 사랑합니다.'
'내게 큰 친절을 베푸시는 나의 하나님. 사랑합니다.'

하나님께 인도받는 비결은 하나님의 인격을 믿는 것입니다. 하나님은 당신에게 은혜로우시며 긍휼이 많으시며 노하기를 더디 하시며 인자하심이 크신 분입니다. 그 인격을 굳게 믿으십시오.

"여호와께서는 모든 것을 선대하시며 그 지으신 모든 것에 긍휼을 베푸시는도다." (시 145:9)

사귐으로써 하나님의 인격을 잘 알 수 있다

당신은 하나님의 인격을 잘 아는 비결을 아십니까?

하나님의 인격을 아는 일은 이론만 갖곤 안 됩니다. 그러면 어떻게 하면 될까요? 바로 하나님과 사귐을 가지면 됩니다.

수많은 사람이 자기 생각으로 제한하는 하나님. 예전의 나처럼 하나님은 무조건 무서운 분. 잘못하기만을 기다렸다가 혼내기를 즐겨 하시는 분. 이런 생각으로 하나님을 여기저기로 옮기고 가두고 애써 외면합니다. 하지만 수십 년을 내가 하나님을 경험한 결과 하나님은 은혜로우시며 긍휼이 많으시며 노하기를 더디 하시며 인자하심이 크신 분이라는 겁니다.

나는 정말 그 하나님과 항상 사귀고 있고 지금도 그리스도 안에서 하나님의 자비하심을 누리며 행복하게 살고 있는 것입니다. 나는 성경에 '하나님은 사랑이시라'고 선언한 그 말씀에 전적으로 '아멘' 합니다. 어떻게 하면 하나님과 사귀며 살 수 있을까요?

나는 '사행감도함'으로 사귐을 갖습니다.

'성령님, 사랑합니다.'
'성령님, 행복합니다.'
'성령님, 감사합니다.'
'성령님, 도와주소서.'
'성령님, 함께하소서.'

마음으로 하나님을 믿는 자는 입으로 시인하여 하나님을 사랑한다고 고백하게 됩니다. 성령님이 아니고서 예수님을 주라 시인할 수 없습니다. 성령님 아니고서 하나님을 아빠, 아버지라 부를 수 없습니다.

성령님이 친밀한 관계 형성에 큰 도움을 주십니다.

나는 성령님을 부를 때 '오, 놀라우신 성령님. 오, 놀라우신 나의 성령님. 사랑합니다. 사랑합니다.' 이렇게 시인합니다. 성령님은 내가 하나님과 사귈 수 있도록 언제나 도우셨기 때문입니다. 신학을 할 때 성령 하나님에 대해 이론은 배웠으나 성령님에 대해 무지했던 내게 "화수야, 내가 널 얼마나 기다렸는지 아니?" 하고 나를 안아 주셨기 때문입니다. 나는 성령님의 이 한 마디에 너무나도 고마워서 펑펑 울었답니다. 지금은 성령님과 함께 항상 사귐을 가지며 행복하고 즐거운 일상을 살고 있습니다.

"주 예수 그리스도의 은혜와 하나님의 사랑과 성령의 교통하심이 너희 무리와 함께 있을지어다." (고후 13:13)

여기서 성령의 교통은 교제, 사귐을 말합니다.

성령님과 사귐을 갖고 그분과 사랑과 우정을 다진 사람은 하나님의 인도하심을 잘 받게 되어있습니다. 하나님이 약속하신 소원성취들을 풍성히 누리며 살게 되어있습니다. 하나님은 살아 계신 분이기에 그러하며 하나님은 거짓말을 하지 않으며 싱거운 말로 사람을 기만하는 신이 아니기 때문입니다.

마음과 영의 기도로 하나님과 친밀하게 사귀라

성령님과 더 충만한 사귐의 복을 누리길 원하십니까?

방언을 많이 말하십시오. 영의 기도요 100% 감사기도요 중보기도요 축복기도인 방언기도를 많이 하십시오. 마음으로 '성령님, 사랑합니다. 성령님, 행복합니다. 성령님, 감사합니다. 성령님, 도와주소서. 성령님, 함께하소서.'라고 진심으로 기도해 보십시오.

내가 '성령님, 사랑합니다. 성령님, 사랑합니다. 성령님, 사랑합니다.'라고 고백하면 성령님께서 감동 감화하심으로 보지도 못한 예수님을 더욱 사랑하게 하심을 경험합니다. 하나님은 나의 사랑 고백을 제일 기뻐하십니다. 당신의 사랑 고백도 제일 기뻐하시지요. 세상에 하나님 아빠와 사랑하며 그 감동 속에서 사는 의인보다 행복한 자가 누구일까요? 예수님과 사랑하며 그 감동 속에서 사는 의인보다 은혜받은 자가 누구일까요? 성령님과 사랑하며 그 감동 속에서 사는 의인보다 부요한 자가 누구일까요?

"우리가 보고 들은 바를 너희에게도 전함은 너희로 우리와 사귐이 있게 하려 함이니 우리의 사귐은 아버지와 그의 아들 예수 그리스도와 더불어 누림이라." (요일 1:3)

당신도 성령님과 사귐을 갖는 시간, 우선순위, 장소, 마음가짐을 정하고 사십시오. 성령님으로부터 소원성취와 보호하심과 사랑하심의 큰 복들을 누리며 살 것입니다.

나의 소원성취는 어디서 올꼬?

당신은 혹시 문제에 빠져 낙심하고 있지 않습니까?

나는 항상 눈을 들어 전능하신 나의 하나님을 바라봅니다. 하나님을 바라보니 낙심이 없고 기쁨은 충만합니다. 하나님이 나를 인도하심으로 내 일이 잘되고 있음을 더욱 확신하게 됩니다.

문제에서 빠져나와 하나님의 믿음에 거하라

내가 눈을 들어 주를 보지 않을 때 문제에 코가 빠져 있었습니다. 물속에 코를 넣으면 숨이 막혀 괴로운 것처럼 문제 속에 빠져 고통하며 헤어 나오지 못했습니다. 문제를 산같이 여기니 산속에서 길 잃은 자 같이 되었습니다. 어디로 가야 할지 막막했고 두려워했던 것입니다.

이젠 소원성취에 대한 문제를 크게 여기거나 집착하지 않습니다. 소원성취가 어디서 오는지 굳게 믿기 때문입니다.

당신은 "나의 도움이 어디서 올꼬? 나의 소원성취가 어디서 올꼬?" 하고 문제라는 산에 자신을 깔리게 하지 않았습니까? 오, 당신은 그러지 마십시오. 여러 사람들이 자신을 격려하고 용기 주기는커녕 자기가 자신을 책망해 버립니다.

다윗은 자신의 소원성취가 하나님께 있음을 믿었습니다. 환난을 당하는 자들과 함께 굴에 숨어 지낼 때도 "하나님은 나의 목자이셔 하나님이 나를 왕으로 세우셨어."라고 선포했습니다.

당신도 소원성취라는 산에 머물러 있지 말고 산을 벗어나 멀리서 산을 봐야 합니다. 멀리서 보면 산은 작습니다. 전능하신 하나님의 큰 믿음으로 멀리서 보면 소원성취에 대한 문제나 일은 작은 것입니다. 친절하신 성령님은 당신과 나의 눈을 들어 주시는 분입니다. "성령님, 도와주소서." 하면 눈을 들고 믿음의 주요 온전하게 하시는 그리스도 예수를 바라보게 합니다.

크신 예수님을 보고 그의 영광에 잠기면 그제야 "아, 소원성취가 산처럼 큰 게 아니네. 산과 하늘과 강과 바다를 지으신 하나님 앞에 통속에 작은 물 한 방울이네" 하고 숨통이 트이며 주님을 자랑하게 됩니다.

나의 소원성취가 어디서 올꼬?

당신은 소원성취가 어디서 오는지 아십니까?

오늘도 나의 소원성취가 하나님에게서 오고 있습니다.

천지 지으신 하나님에게서 나의 소원들이 성취되는 복이 오고 있습니다. 한 예로 오늘도 하나님을 경외하며 창작가로 사는 일상의 기적이 일어납니다. '오늘도 나는 행복하다. 감사하다.'라는 고백은 큰 기적임을 알아야 합니다. 돈을 하루에 수억 번 것 기적이지만 그보다 자기 일상을 살아낼 수 있는 일상 기적이 제일 소중하니까요. 그렇게 나는 매일 성령님이 베푸시는 소원성취의 기쁨을 누리는 것입니다.

크고 작은 소원성취는 어디서 올까요?

큰 산에서 올까요? 큰 사람에게서 올까요? 아닙니다. 소원성취는 결국 다 하나님에게서 오는 것입니다. 당신과 내가 아무리 일을 계획하고 진행하고 사람을 만나 일을 봐도 그 일의 성과는 다 하나님이 이루어 주는 것입니다.

그러니 산이 준다고 산에 빌어 자연을 섬기는 바보로 살지 말아야 합니다. 하나님의 형상을 가진 존귀한 사람이 누리라고 만든 산에 빌면 그 어찌 존귀한 삶일 수 있겠습니까? 세상에 세운 왕들도 다 하나님이 세우셨습니다. 하나님의 뜻대로 그들을 존중은 하나 만왕의 왕이신 하나님의 말씀을 더 경외해야 합니다. 하나님을 경외하는 사람에게 하나님은 천 대까지 복을 주십니다.

하나님께 선택받은 자는 그의 후손들이 잘됩니다. 아브라함을 부르셨던 하나님은 그의 아들 이삭과 리브가의 삶을 지키셨고 인도하셨습니다. 그의 손자 야곱과 그의 아내 라헬과 그의 후손들을 보호하셨고 라반과 에서와의 심각한 문제들에서 그를 지켜 주셨습니다. 하나님은 야곱에게 말씀하셨고 그가 언약을 믿고 간구한 것을 기억하고 약속대로 야곱을 인도하셨습니다.

당신도 모든 소원성취는 하나님이 이루어 주심을 믿고 그분께 의뢰
하면 하나님이 주는 소원성취 복을 누릴 것입니다.

소원성취는 즐겁게 이루어야 한다

즐겁게 소원성취하는 비결은 뭘까요?

첫째, 모든 성취가 하나님에게서 옴을 알아야 합니다.

풍뎅이 한 마리도 하나님이 다스리심을 인정해야 합니다. 풍뎅이보
다 어마어마하게 큰 지구를 하나님이 통치하고 계심을 알아야 합니다.
지구보다 어마어마하게 큰 태양을 하나님이 만들어 오늘도 그 큰 빛
을 지구에 보내어 추운 날에 따뜻하게 살 수 있음을 알아야 합니다. 태
양보다 어마어마하게 큰 은하계와 그 은하계보다 큰 우주 자체를 운
행하고 계시는 살아 계신 하나님을 의지해야 합니다. 우주를 만들고
통치하시는 전지전능하신 하나님을 경외해야 합니다. 요셉은 환란 중
에 크신 하나님이 자기 마음을 아시며 모든 것이 낯설고 무섭기까지
한 사람들과 환경에서 자길 보호하심을 확신했습니다. 천지를 지으신
권능의 하나님이 자기를 지키고 마침내 간직한 꿈을 이루어 주실 줄
확신했던 것입니다.

나는 모든 세계가 하나님의 말씀으로 지어진 것을 믿습니다.

나는 아브라함과 이삭과 야곱과 요셉과 모세와 다윗과 솔로몬의 삶
을 지키셨고 그들에게 소원성취 복을 주신 것처럼 오늘날 그 하나님

을 믿는 당신과 내게도 바라는 일들을 성취하게 하심을 굳게 믿습니다. 당신도 그렇지요?

자기 하나님을 믿음은 소원성취가 오는 통로다

그다음에는 크신 하나님을 신뢰해야 합니다.

하나님을 신뢰한다는 의미는 하나님께 다 맡긴다는 의미입니다. 다 맡긴다는 것은 어린아이가 엄마 아빠를 믿고 쌔근쌔근 잠을 자는 것입니다. 교회에 다니나 하나님을 신뢰하지 못하고 자기가 온갖 걱정을 다 하고 불면증에 걸린 사람이 많습니다.

속병, 화병, 근심병, 걱정병에 걸려 예수님이 주신 평강의 복을 누리지 못하는 사람이 있습니다. 당신은 매일 잠을 잘 자십니까? 나는 매일 잠을 푹 잡니다. 성령님은 그의 사랑하시는 자에게 안식의 잠을 주십니다. 오늘도 나는 푹 자고 일어났습니다.

"어, 잘 잤다. 여보, 몇 시야?"
"응 7시 42분이네."
"나 새벽에 일어나 화장실도 안 가고 지금 깼어. 푹 자고 일어났어."
"아, 상쾌해."
아내도 푹 자고 일어났다고 하여 우린 더 행복했습니다.

당신도 하나님을 신뢰한다면 잠을 푹 잘 수 있습니다. 당신도 하나님을 의지한다면 '소원이 언제나 이루어질까? 소원이 이루어지지 않아서 내 마음은 괴롭다.'라며 불신의 마음으로 생활하지 않게 됩니다. 항상 전능하신 하나님만 굳게 신뢰하십시오.

신뢰(信賴)의 사전적 의미는 '굳게 믿고 의지한다.'입니다.

신뢰함은 의자를 믿고 소중한 몸을 그 위에 놓는 것입니다. 택시 기사를 믿고 편안히 의자에 앉아 목적지에 가는 것입니다. 아내가 맛있게 해 준 음식을 편안한 마음으로 행복해하며 먹는 것입니다. 믿음 비행기의 기장이신 예수님을 믿고 좌석에 앉아 평안한 마음으로 주를 찬미하며 행복을 누리는 것입니다. 내 꿈을 이루어 주시는 성령님의 인도하심을 따라가며 소원들이 하나하나 성취되는 기쁨을 누리는 것입니다.

"내가 산을 향하여 눈을 들리라 나의 도움이 어디서 올까. 나의 도움은 천지를 지으신 여호와에게서로다. 여호와께서 너를 실족하지 아니하게 하시며 너를 지키시는 이가 졸지 아니하시리로다." (시 121:1~3)

당신도 당신이 생각하는 큰 문제보다 더 크신 하나님을 신뢰하므로 평안히 자고 일어나 소원마다 성취되는 기쁨을 누리십시오.

하나님은 자기를 경외하는 자의 소원성취자

당신의 소원은 지금 어떻게 진행되고 있습니까?

나의 소원은 여러 가지가 있는데 이루어진 것들이 있고 현재 이루어지고 있는 것들이 있습니다.

하나님은 누구의 소원을 이루어 주실까요?

'자기를 경외하는 자'입니다. 하나님을 경외한다 함은 이론이 아닙니다. 실제 성령을 받은 자가 할 수 있는 최고 믿음의 태도입니다. 성령님은 예수님의 영이시기에 요셉과 아브라함과 다윗과 사도 요한처럼 하나님을 경외하게 합니다.

내 마음에 성령이 없었을 때 하나님에 대해 인식하지 못했고 경외하는 마음도 없었습니다. 온 세상에 충만한 하나님의 영광을 보지 못했던 것입니다.

성령이 임한 사람은 바람이 임의로 불매 아무도 알지 못함과 같이 아무도 모릅니다. 나조차도 내 안에 오신 그리스도의 영이신 성령 하나님에 대해 몰랐으니까요. 성령님은 크신 능력으로 소경이었던 나의 눈을 뜨게 해 주었습니다. 이건 큰 기적이었습니다.

청년 때에 어느 날부터인가 내가 하나님을 아버지라 불렀고 예수님을 나의 주님으로 부르게 되었습니다. 모두가 인자하신 성령님의 권능의 손으로 가능한 고백이었습니다.

성령님은 성경 말씀과 내 안에 실제로 존재하심을 통해 내 아버지 하나님의 사랑과 내 구주 예수님의 은혜와 성령 하나님의 교통하게 하시는 복들을 깨닫게 하셨습니다.

성령님은 하나님의 사랑과 은혜의 복음을 전파하고자 하는 나의 소원을 다 이루어 주셨습니다.

내가 신학대학원 다니던 시기에 소원했던 세계전도 비전을 이루어 주신 것입니다. 나는 몸에 제한이 있으나 오늘도 책을 통해 복음 전파 소명을 이루고 있습니다. 책을 통해 큰 소원인 복음 전도를 전국과 세계를 향해 하게 하셨습니다.

인자하신 성령님을 존중히 모시라

성령님을 존중히 모시며 사십시오. 여호와의 영이시며 여호와를 경외하는 영이신 성령님께서 당신이 더 하나님을 경외할 수 있도록 돕고 계십니다. 그 경외심으로 소원을 위해 부르짖어 기도하면 당신의 기도 소리를 다 들으시고 문제에서 구원해 주십니다.

내 경우엔 잡념이 방해하지 못하는 부르짖는 기도 시간 중에 성령님은 세미한 음성으로 또렷하게 자주 말씀해 주십니다. 성령님은 다양한 말씀들을 통해서 내게 언약을 주시고 힘을 주십니다. 위로와 격려의 말씀을 통해 내게 방향을 알려 주시고 용기를 주시며 움직이게 하십니다.

하나님은 하나님을 경외하는 나의 소원을 다 이루어 주셨습니다. 하나님은 하나님을 경외하는 나의 부르짖음을 다 들어 주셨습니다. 하나님은 하나님을 경외하는 나의 부르짖음을 다 구원해 주셨습니다. 하나님은 덤으로 복에 복을 주고 계십니다.

"그는 자기를 경외하는 자들의 소원을 이루시며 또 그들의 부르짖음을 들으사 구원하시리로다." (시 145:19)

성령님은 자기를 존중하는 자의 소원을 다 듣고 계십니다.
성령님은 자기를 존중하는 자의 소원을 이루어 주고 계십니다.
나는 자원하는 마음으로 은혜의 복음을 전파하며 삽니다. 전지전능하신 성령님은 자기를 경외함으로 존중하는 자가 자발적으로 하는 일을 기뻐하며 그의 소원을 성취해 주십니다.
'소원을 이루시며'에서 소원(רָצוֹן, 라쫀)은 '자발적인 의지, 하나님을 존중하는 마음으로 하는 일'을 말합니다. 장성한 믿음은 자원하는 마음으로 하는 마인드입니다. 마지못해서 하는 것이 아니라 은혜의 예수님께 감사하며 즐겁게 하는 것입니다. 예수님은 그런 자가 바라는 소원 위에 더 넘치게 복을 주십니다.
아브라함은 독자 이삭을 하나님의 음성에 순종하여 제물로 드렸습니다. 하나님이 마지막 순간에 말리셨으니 이는 하나님이 이미 이삭을 흠향하신 것이요 아브라함이 하나님을 존중한 그 중심을 받으신 것입니다.

나도 교회를 개척하면서 내가 가진 돈과 재산을 다 드렸습니다.

하나님은 복음을 위해 자발적으로 드린 나의 중심을 흠향하셨고 백배의 복을 더해 주셨습니다. 나는 내 마음에 살아 계시는 크신 성령님을 의지하고 희망이 보이지 않을 때도 오직 하나님만을 바라보았습니다. 감정의 어려움이 있을 때도 오직 나의 구주 예수님만을 의지했습니다. 나를 여전히 돕고 계시는 성령님을 존중했습니다. 마침내 하나님을 경외하는 자로 세우셨고 나의 소원들을 들어주신 것입니다.

하나님은 자기를 경외하는 자의 소원을 들어주시는 분입니다.

당신도 하나님을 존중하십시오. 마음과 목숨과 뜻을 다하여 하나님을 경외하십시오. 당신의 소원들이 이루어질 것입니다. 하나님께 구하여 성취된 소원성취가 진짜 꿀맛이 아니겠습니까?

대기만성의 과정은 설레는 삶이다

대기만성 되는 일과 자신을 기뻐하라

당신은 빠르게 성공하는 것을 좋아하십니까?

나는 성령님과 한 걸음 한 걸음 걷는 것을 좋아합니다. 성령님의 속도에 맞춰 인생길을 걷는 것을 추구합니다. 성령님과 마음과 마음이 하나 되고 눈과 눈이 하나 되고 발걸음과 발걸음이 하나가 될 때 가장 행복함을 나는 알기 때문입니다.

"아, 정말 힘들다."

"왜 몇 년이 지났는데 내 책이 안 나왔을까?"

"자료 납본한 지가 언젠데 아직도 입금이 안 됐지?"

"내가 뭘 잘못했나. 내가 어떻게 해야 하나?"

"와, 정말 답답하네."

자기 힘으로 뭔가를 이루려는 사람은 이렇게 예전의 나처럼 빨리 성취되지 않는 일을 보고 속상해 합니다. 하지만 진정한 성장과 성공에 대한 성령님의 공식을 알면 느린 것 같아도 성령님과 함께 하루하루 걷는 것이 제일임을 깨닫게 됩니다.

"성령님, 오늘도 함께하시지요."
"성령님, 이 일은 어떻게 할까요?"
"성령님, 사랑합니다. 사랑합니다. 성령님, 많이 사랑합니다."

나는 성령님과 수십 년을 지내며 깨달은 바가 있는데 성령님은 대기만성 스타일이라는 것입니다. 성령님은 자기 사람을 세우실 때 얼렁뚱땅 만들지 않으십니다. 나는 얼렁뚱땅하게 일 처리한 적이 있었는데 지금은 진지하게, 꼼꼼하게 일 처리를 합니다. 성령님을 닮아 그렇게 성장한 것입니다.

성령님은 '대기만성형'이시다

지금 나는 내가 만들려는 나보다 더 지혜롭고 견고하게 성장하였습니다. 성령님께서는 노련하게 나를 불 속에 집어넣어 주님이 바라는 모습으로 변화시키셨기 때문입니다. 지금 나는 복음 전파에 있어서 강하고 담대한 복음 전도자가 되었습니다. 나의 내면에는 은혜의 복음에 대한 정확한 지식과 풍성한 깨달음이 있습니다. 또한 나는 하나님의 완전한 믿음이 온 마음에 가득 넘쳐흐르는 큰 믿음의 사람이 되었습니다.

아브라함의 믿음은 처음 75세 때에 50% 정도였으나 25년이 지난 100세 때는 독자 이삭을 번제로 드릴 정도로 큰 믿음의 사람이 되었습니다. 성령님이 그를 하나님의 음성에 순종하는 큰 믿음의 사람으로 만드셨습니다. 성령님은 요셉을 13년 동안 고난의 풀무 불에서 그와 함께하사 그를 30세에 애굽과 바로의 아비가 되게 하셨습니다. 성령님은 모세를 바로 왕궁에서 40년, 광야에서 40년을 준비하셨고 40년간 그와 동업하셨습니다.

당신도 성령님과 함께 미래를 준비해야 합니다. 단순히 먹고 사는 행복한 미래 너머 이웃에게 행복한 미래를 주겠다는 그런 미래 말입니다. 설렘 가운데 대기만성 과정을 지내는 방법은요.

첫째, 성령님의 부르심에 합당하게 성장해야 합니다.

"남의 떡이 커 보인다."라는 속담은 자기 떡, 곧 자기 소명에 대해 잘 모르고 친구 따라 강남 가듯 남의 인생 목표를 따라가는 것을 말합니다. 나는 과거에 비교를 잘해서 늘 상처투성이였습니다. 나의 표정은 밝지 않았고 힘이 없었습니다.

아브라함같이 믿음의 조상 격인 사람은 아브라함처럼 살면 됩니다. 모세와 같은 지도자로 왕 앞에 서서 하나님의 백성을 인도할 사람은 그렇게 살면 됩니다. 아모스같이 목자인 사람은 아모스 그릇으로 살면 됩니다. 요셉같이 큰 사업가, 정치가, 무역가로 살아야 할 사람은 그렇게 살면 됩니다. 성 삼위일체 하나님은 한 분이시나 그릇은 다양합니다.

당신은 어떤 그릇으로 부름 받았습니까?

나는 복음 전도자 그릇으로 부름 받았습니다. 사도 바울은 각 사람이 믿음의 분량대로 지혜롭게 생각하라 했습니다. 나는 평생 내 가슴과 귓가에 살아 있는 '이화수, 너는 나의 사랑하는 복음 전도자니라.'라는 주의 음성을 가장 크게 여깁니다. 성령님의 은혜로 나는 평생 이 음성을 소중히 여기며 간직하고 삽니다. 성령님은 나를 성장시키시며 다양한 업도 갖게 하셨습니다.

성령님께 부름 받은 핵심 소명을 기억함이 중요합니다. 당신도 부름받은 그 소명의 직분을 귀중히 여기십시오. 자기 생각으로 전능하신 주님의 부름을 제한하지 말 것이며 성령님이 해 주셨고 앞으로도 채우신다는 믿음으로 발을 맞추면 주님의 부름에 합당하게 성장하는 것입니다.

둘째, 성령님의 양육은 진지(眞摯, 참되고 착실하다)함을 알아야 합니다. 나는 얼렁뚱땅하게 해도 내가 하나님의 사람으로 성장하는 줄 알았습니다. 그건 착각이었습니다. 성령님은 자애로우시며 친절하시며 노하기를 더디 하시며 나를 언제나 응원하시는 분이십니다. 그러나 성령님은 하나님의 자녀답게 세우시고 보내실 때는 진지하게 키워 큰 그릇, 곧 하나님이 바라는 분량의 그릇으로 만드시는 것입니다.

지극히 작은 것에 충성된 자를 좋아하시는 성령님이 지극히 작은 것에 충성치 않는 나를 어찌 좋아하시겠습니까? 그런 자에게 어찌 성령님의 사람다운 성장이 있을 수 있겠습니까?

대기만성(大器晩成)은 '큰 그릇을 만드는 데는 시간이 오래 걸리므로 크게 될 사람은 늦게 이루어진다.'는 말입니다.

성령님의 사람은 이미 큰 사람이요 크게 될 사람입니다. 그렇기에 성령님을 믿고 성령님의 발걸음에 맞춰가다 보면 성령님이 크게 쓰십니다. 나는 큰 그릇, 크게 쓰임 받는다는 의미를 '성령님의 사람으로 산다. 성령님의 인도하심에 잘 순종하여 사는 사람'이라 말합니다. 당신도 대기만성 스타일이신 성령님의 인도를 잘 받아 설레는 마음으로 성령님의 사람으로 사는 그 큰 복을 누리십시오.

우리는 진지하고 정직한 모습으로 성령님 앞에 서야 합니다.

다윗은 항상 성령님을 사랑했고 존중했습니다.

다윗은 "내가 항상 내 주를 내 앞에 모셨다."라고 선언했습니다.

다윗은 전심으로 성령님과 마음을 맞췄습니다. 성령님은 다윗은 내 마음에 합한 자라고 칭찬하셨습니다. 다윗같이 성령님 마음에 합한 사람이 큰 그릇인 것입니다.

셋째, 의타심일랑 아예 버려야 성령님의 그릇이 됩니다.

나는 내 주위에서 세상 친구들을 정리시켜 주는 성령님에 대해 의아한 적이 있었습니다.

"성령님, 내 주위에 아는 친구들을 만나지 않도록 다 정리해 버리면 나는 어떻게 되는 건가요? 내가 죽을 때나 가정에 큰일이 생겼는데도 아무도 오지 않으면 어떡해요?"

성령님은 내게 놀라운 음성을 들려주셨습니다.

"아들아, 내가 너의 큰 방패요. 상급이니 너는 두려워하지 마라. 놀라지도 마라. 천 명의 세상 친구보다 내가 더 큰 친구다. 100년도 안되는 세상 친구보다 영원히 너와 함께 하는 내가 진짜 친구다. 내가 너와 영원히 함께하고 있다. 내가 널 사랑한다."

나는 원래 사람을 잘 의지하던 사람인데 성령님은 인정에 약해빠져 사는 나를 아브라함과 요셉과 다윗처럼 오직 하나님만을 의지하는 사람으로 만들어주신 것입니다. 이제 나는 사람의 위로보다 억만 배나 큰 나의 성령님의 위로가 제일 좋습니다. 나는 이제 어떤 행사에 아무도 오지 않더라도 오직 나의 구주 예수 그리스도만 의지하기로 했습니다. 오직 하나님의 종으로서 은혜의 복음을 전파하며 살다 천국에 가기로 결단했습니다.

아브라함이 약속의 아들을 갖기까지 25년, 요셉이 꿈을 이루기까지 13년, 모세가 준비되기까지 80년, 노아가 방주를 만들기까지 120년. 나는 나의 믿음의 조상들을 생각하며 빠르게 성장하지 않은 나에 대해 감사했습니다. 얼렁뚱땅 복음의 사람으로 양육되지 않음에 진심으로 나의 구주 예수 그리스도께 감사했습니다.

빠르게 지나가는 전철에서 사물을 잘 보지 못하듯이 빠르게 성공하려는 자는 자신이 성령님의 은혜로 아름답게 성장하는 모습을 보지 못합니다. 그에게 "예수님과 함께 한 당신의 아름다운 이야기를 들려주세요." 하면 "나요? 나는 별로 없는데요. 할 말이 없어요." 합니다.

하지만 성령님과 함께 매일 꾸준히 사랑하는 사람이라면 그의 스토리는 책 700권도 능히 써낼 수 있는 것이지요. 아, 나는 성령님과 함께하는 그 스토리의 삶을 사랑합니다.

넷째, 자급자족하는 마인드로 살아야 합니다.

성령님은 사도 바울을 자급자족 마인드로 복음 전파하게 하셨습니다. 그는 복음에 거리낌이 없게 하려고 자기가 복음을 전하니 복음에 합당한 사례를 받는 것이 맞지만, 누구에게든 복음에 거리낄 것이 없도록 자급자족한다고 했습니다.

사람을 의지하여 돈을 받고 주의 일을 하다 보면 쓸데없는 일에 시간과 힘을 쓸 때가 있습니다. 성령님의 일꾼들이 성령님의 눈치 보며 성령님의 인도를 받아 주의 복음을 전해야 하는데 사람 눈치 보고 쭈뼛쭈뼛하다 소중한 시간과 자원을 허비할 때가 있음을 나는 경험해 봤습니다.

나의 복음 전파의 소명을 길을 갈 때 나는 여러 군데에서 후원을 받았습니다. 하지만 몇 년이 지난 후 나는 주 예수의 눈치보다 사람 눈치를 보며 할 말을 하지 못하는 나를 보고 실망한 적이 있었습니다.

내가 예수님을 이전보다 더 사랑하고 사랑하자 그런 내 모습이 얼마나 주님의 마음을 아프게 하는 것인지 알았습니다. 나는 성령님의 인도를 따라 후원받는 일을 정리했습니다. 지금은 성령님께서 주시는 수입에 감사하며 오히려 성령님과 친밀하게 사랑을 나누며 이전보다 더 힘 있게 복음을 전하고 있습니다.

성령님은 준비시키는 하나님이십니다.

당신의 미래 모습을 다 성령님께 맡기고 안심하며 그분의 준비하심을 믿으십시오. 사람의 뜻으로 만들어진 사람은 성령님의 일을 받지 못합니다. 육신의 뜻으로 만들어진 사람은 성령님의 인도를 받을 수 없습니다.

하나님이 당신을 인도하시고 만들려는 모습을 성령님이 다 알고 계시며 당신 곁에서 친절히 보혜사 성령님이 당신을 빚고 계심을 믿으십시오. 조급하여 타인과 당신의 지혜로 빠르게 당신을 만든 모습보다 느린 것 같으나, 오직 성령님의 지혜로 당신을 만든 그 모습이 훨씬 더 아름답고 고상하고 능력 있고 지혜롭고 부요한 존재임을 기억하고 오직 전진하십시오.

"그러므로 너희 담대함을 버리지 말라 이것이 큰 상을 얻게 하느니라. 너희에게 인내가 필요함은 너희가 하나님의 뜻을 행한 후에 약속하신 것을 받기 위함이라. 잠시 잠깐 후면 오실 이가 오시리니 지체하지 아니하시리라. 나의 의인은 믿음으로 말미암아 살리라 또한 뒤로 물러가면 내 마음이 그를 기뻐하지 아니하리라 하셨느니라. 우리는 뒤로 물러가 멸망할 자가 아니요 오직 영혼을 구원함에 이르는 믿음을 가진 자니라." (히 10:35~39)

자, 오늘도 성령님과 함께 나를 준비시키며 동업하며 삽시다.
지금 가슴 설레지 않습니까? 할렐루야!

백 년 마인드로 소원성취하라

당신도 자주 소원성취하는 기쁨을 누리라

당신은 소원성취의 기쁨을 누리고 있습니까?

나는 나의 소원을 성취하는 기쁨을 매일 누립니다.

내가 가진 소원들을 이루기까지 백 년간 포기하지 않기로 확정했기 때문입니다. 나는 끈기가 없는 사람 중의 한 사람이었습니다.

내가 나의 하나님을 참 좋아하는 이유 중 하나는 무엇이든 꾸준히 하는 게 없었던 나를 맡은 것을 꾸준히 할 줄 아는 자로 변화시켜 주셨기 때문입니다.

나는 전에 통장을 만들어 몇 개월 저축하다 포기했고 적금 통장도 만들었으나 결국 얼마 안 가 깨뜨렸습니다. 나는 책을 한 권 읽겠다고 결심하고 읽다가 작심삼일 만에 포기하곤 했습니다.

포기해서 소원성취하지 못한 것도 속상한데 더 괴로웠던 일은 내가 나를 정죄하는 것이었습니다.

"야야야, 네가 그렇지 인마."
"에그, 시작이나 하지 말던가."

지금은 그리스도의 은혜로 싹 바뀌었습니다.

어떤 일을 섣불리 시작하지 않으며 내가 반드시 해야 할 일은 포기하지 않고 다 해내고 있습니다.

아브라함이 이삭을 포기했다면 어떻게 되었을까요?

믿음의 조상이라는 복이 다른 자에게 옮겨가지 않았을까요? 이삭이 어려운 기근의 때지만 농사를 포기했다면 어떻게 되었을까요? 백 배의 소출은 없었을 것입니다. 환경보다 하나님을 믿고 농사와 사업을 해야 할 것입니다. 야곱이 20년간 험악한 세월을 지내면서도 하나님의 복을 포기하지 않았기에 그는 하나님을 경외하는 거부가 되었습니다.

"엘리야는 우리와 성정이 같은 사람이로되 그가 비가 오지 않기를 간절히 기도한즉 삼 년 육 개월 동안 땅에 비가 오지 아니하고 다시 기도하니 하늘이 비를 주고 땅이 열매를 맺었느니라." (약 5:17~18)

나 이화수는 복음 전도하는 삶을 포기하지 않았기에 전에 하던 방식 더하기 책으로 복음 전하는 일도 하게 되었습니다. 하나님은 작은 일에 충성하는 자에게 큰 것도 맡기시는 고마우신 분입니다.

책을 쓰며 전도하니까 범사에 생이 정리 정돈되고 시간과 몸과 돈을 낭비하지 않게 되었습니다. 성령님을 위해 심는 데 초점이 맞춰지니 나의 마음엔 성령과 기쁨이 충만하여 행복하고 행복한 복음 전도자로 살고 있습니다. 포기하지 않으면 다 됩니다.

백 년 동안 포기하지 말고 끝까지 하라

당신은 지금 포기하려는 일이 없습니까? 무엇 때문에 포기하려고 합니까? 포기하려는 마음은 내려놓고 전능하신 성령님 음성을 듣고 그 언약을 믿고 다시 꾸준히 하십시오. 다 이루어집니다.

"우리가 선을 행하되 낙심하지 말지니 포기하지 아니하면 때가 이르매 거두리라." (갈 6:9)

내가 그토록 바라던 책이 3년간이나 내 손에 쥐어지지 않았을 때 나는 포기하고 싶은 마음이 많았습니다. 세상에서 내가 제일 실패한 사람 같았고 우주에서 방출되어 오직 나 혼자만 있는 것 같았습니다. 하지만 영원히 나와 함께하시는 신실하신 성령 하나님께서 나의 마음과 생각을 지키셨고 결국 나는 지속적으로 복음의 책을 써내는 시스템을 구축했습니다. 과거의 실수들이 지금 오히려 내게 좋은 약이 되었고 이제 나는 살면서 부정적인 신호가 오면 즉시 그 영향을 깔끔하게 정리 정돈해 버립니다.

다윗은 왕으로 기름부음 받는 꿈을 갖고 있었습니다.

온 가족이 지켜보는 가운데 기름부음을 받았으니 얼마나 확실한 큰 소원입니까? 그러나 현실은 죽음을 넘나드는 일을 자주 겪었습니다. 사울 왕과 전쟁으로 목숨의 위협을 받았으나 큰 소원을 주신 하나님이 이루실 줄 믿었습니다. 오직 하나님을 의지하여 말을 타고 적진을 달리며 활을 쏘았습니다.

나는 "너의 소원들은 이루어지지 않아."라고 쏘아대는 거짓말쟁이 사탄에게 예수 이름이라는 더 큰 화살을 쏘아 내 뒤로 물러가게 했습니다. 하나님께 무엇을 구해서 가진 소원이 있다면 완전한 믿음으로 그 일이 성취되어 내 손에 쥐어지기까지 포기하지 마십시오. 기다려야 한다면 백 년 마인드로 기다리고 더 나아가 천 년 마인드로 하나님을 바라보십시오. 문제와 현실이 잠잠해집니다.

성경은 창세기부터 요한계시록까지 포기하라는 말씀이 없습니다. 하나님의 믿음을 가진 자라면 성령님과 끝까지 가면 되고 하면 됩니다. 당신과 내겐 예수님이 부으신 풍성한 복음의 은혜가 있으니까요. 무엇보다 당신의 영적인 복을 포기하지 마십시오.

억만 배 가치가 있는 영적인 복을 포기하지 마라

내가 만약 복음 전도자라는 영적인 복을 포기했다면 나는 마침내 가슴이 뜨겁지 않은 범부(凡夫)로 살았을 것입니다. 포기할 당시에는 "내가 선택을 잘했다."라고 했을지 모르지만 결국 1년도 가지 않아서 에서처럼 영적 복을 가볍게 여겨 불행하게 되었다는 자책을 하며 살았을 것입니다. 그러나 성령님은 내게 신실하셨습니다.

나는 수십 년 나를 포기하지 않고 꾸준히 사랑해 주시는 성령님을 알고 믿고 의지하고 사랑하기 시작했습니다. 지금은 천재 코치 이화수로 코칭을 의뢰한 사람에게 신앙 코치와 책 쓰기 코치로 활동 중입니다. 당신도 목마름을 해결하고 싶다면, 책 쓰는 작가가 되고 싶다면 010-4843-4742로 문자하십시오. 나는 1:1 코칭 전문가입니다. 이 영적 수준에서 살아 정말 행복하고 행복합니다.

당신도 바라는 소원성취가 있다면 결코 포기하지 마십시오.

선을 행하되 낙심하지 말고 끝까지 하십시오. 나는 오늘도 자동적으로 전도지로 복음을 전했습니다. 타인의 눈초리도 감사하며 끝까지 성령님과 복음을 전하십시오. 집을 갖고 싶거나 더 큰 집으로 이사 가고 싶은 것도 포기하지 마십시오. 성령님은 당신의 큰 소원과 작은 소원을 이루어 주시는 고마우신 분이십니다. 그분을 믿고 의지하십시오. 그분의 음성에 잘 순종하십시오. 성령님 안에서 이루어지는 소원성취의 기쁨을 자주 누리게 될 것입니다.

"자기의 육체를 위하여 심는 자는 육체로부터 썩어질 것을 거두고 성령을 위하여 심는 자는 성령으로부터 영생을 거두리라." (갈 6:8)

이왕이면 성령님을 위해 심어야 할 것을 심으십시오. 육체를 위해 심는 것은 먹다 버려진 음식 찌꺼기 같아 얼마 안 가 부패합니다. 성령님과 연결되어 도모하지 않은 일들은 얼마 안 가 부패됨을 나는 경험했습니다. 믿음으로 구한 것은 받은 줄로 믿고 백 년 동안 찾고 두드리겠다는 마음을 가지십시오. 당신은 여유롭게 소원성취하는 즐거움을 누리게 될 것입니다.

백 년 마인드로 구하고 찾고 두드리면 되더라

어떤 일을 할 때 "그게 내게 무슨 의미가 있나?" 하고 생각해 봐야 합니다. 나는 성령님께 물었습니다.

"성령님, 성령님. 내가 사랑하는 나의 성령님."
"성령님을 위하여 심는 자는 어떤 의인인가요?"

잠시 후에 성령님이 내게 말씀하셨습니다.

"그는 내 음성에 순종하는 의인이란다. 내가 해 준 나의 음성을 기억하고 그 음성을 기뻐하며 꾸준히 자기가 맡은 일을 하는 의인이란다."
"네가 성실하게 하루 첫 시간을 온전히 나와 함께 보내는 것이 성령을 위하여 심는 거란다. 네가 꾸준히 나와 함께하는 사랑의 스토리를 책으로 쓰는 일이란다. 네가 포기하고 싶은 적이 있었고 마음이 상한 적이 있었지만 결국 나를 믿고 계속 돈을 저장하고 때가 되면 한 권 한 권 우리의 책을 출판해 내는 일이란다."
"너의 가정에서 믿음으로 자식들을 키우며 어려운 현실이 와도 보이지 않는 나 여호와 하나님을 보고 의지하는 일이다. 무시로 내게 기도하며 기도하는 일과 말씀 사역에 힘쓰는 너의 모든 삶이란다."

"내 사랑하는 아들 화수야. 항상 힘을 내라. 내가 너와 함께한다. 강하고 담대하라. 네가 내게 구한 소원들을 내가 이루어 주었느니라."

"아멘. 성령님이 나와 영원히 함께하시오니 내가 영원히 행복하고 영원히 감사드립니다. 아멘. 내 크고 작은 소원들을 성취해 주신 예수님을 백 년, 천 년, 영원 마인드로 구하고 찾고 두드립니다."

"억만 번이나 감사드리고 사랑합니다. 성령님."

나는 이렇게 매일 내 소원들을 이루어 주시는 성령님과 즐겁게 내 일을 해내며 백 년 마인드로 행복하게 사는 것입니다.

백 년 동안 당신의 무화과나무를 지키라

책을 한 권 써내는 것도 포기하지 않아야 써낼 수 있습니다.

카페에서 어떤 사람이 크게 기침을 해대서 집중이 안 돼 책 쓰는 것을 포기하지 않았습니까? 옆 사람의 냄새 때문에 집중이 안 돼서 포기하진 않았습니까? 여러 사람이 크게 대화하는 소리 때문에 포기하지 않았습니까? 집에서 가족 간에 감정 상하는 일로 포기하지 않았습니까? 그러지 말아야 합니다. 포기하면 그날 깨달음이 없어지고 나만 손해입니다.

나는 포기하지 않았습니다. 그 어떤 역경이 와도 포기하지 않았습니다. 역경 속에서도 여전히 나를 도우시는 성령님을 바라보았습니다. 그분을 의지하고 그분께 "성령님, 이 문제는 내가 할 수 없는 것이기에 다 성령님께 맡깁니다." 이렇게 기도하며 나는 성령님의 언약을 믿고 계속 시도했습니다. 실천했습니다. 마침내 나는 지속적으로 책을 써낼 수 있었고 내 자리를 지켰습니다.

누가 소원성취의 복들을 즐겁게 누릴까요?

바로 자기 무화과나무를 지키는 사람입니다.

나는 백 년 '구찾두' 마인드로 나의 무화과나무를 지킵니다. 나는 하나님께 구한 것을 받았다고 200년 동안 믿습니다. 이 믿음이 나로 하여금 즐겁게 소원성취하게 용기를 줍니다. 나는 믿음으로 계속 성령님과 함께 찾고 두드리고 있습니다.

나의 저서들이 이 땅에 천 년 동안 있으므로 영혼들을 구원하는 천년대계를 보고 오늘도 책을 써내고 있습니다. 천년대계를 보고 책을 출판해 내고 유통하고 있습니다. 당신도 하나님의 믿음인 백 년 믿음 마인드로 강성해 가십시오.

영의 욕구를 따라 살라

당신은 어떤 욕구를 따라 살고 있습니까?

나는 영의 욕구를 따라 삽니다. 나는 자동적으로 예수님께 사랑을 무시로 고백하며 삽니다. 수시로 기도하며 말씀 사역에 힘쓰며 삽니다. 토요일인 오늘 아침 육신이 내게 말했습니다.

"좀 더 잘까? 오늘 토요일인데 좀 더 잘까?"
"그냥 집에서 원고를 교정할까?"

그때 나의 영혼이 말했습니다.

"아니야. 지금 눈을 감고 잠을 자면 육신은 편해도 저녁땐 후회할 거야. 잠자면 오전 시간 금방 지나가고 집안 정리할 게 눈에 보이고 그거 하다 보면 전에 경험했듯이 후회하게 된다."

"일어나자, 일어나, 30초만 참으면 잠이 깬다."

나는 주섬주섬 약간의 음식을 먹고 옷을 입고 나올 준비를 했습니다. 거북이 밥도 주었습니다. 맛있게 먹는 모습에 시간을 더 뺏기는 것같아 약간 흐뭇함을 즐기고 옷을 입었습니다. 목도리를 해도 10%의마음은 나가기 싫어했습니다. 그럼에도 나의 강한 영의 욕구를 따라가방을 어깨에 메자마자 나의 마음이 싹 변하는 걸 경험했습니다.

"뭐야, 좀 더 일찍 준비하고 카페 갈 걸 그랬네."
"마음이 이렇게 상쾌한 걸."

나는 겨울 햇살 속에서 "성령님, 함께 가시지요." 부탁을 드렸고 유쾌하고 상쾌하게 걸어가는 나를 인식하며 행복해했습니다.
만약 집에 있었다면 지금 쓰인 이 깨달음은 세상에 없었을 것입니다. 하지만 나는 영을 강하게 하고 살던 영적 습관의 힘으로 육신의 욕구를 뚫고 승리를 누렸습니다. 이렇게 쌓이는 영적 승리는 계속 장기적 승리를 누리게 하고 그 습관의 힘은 저축되어 지속적으로 강하고부요하게 살게 해 주는 것입니다.

영적 곳간에 깨달음이 가득하게 하라

나는 스토리 부자입니다. 책을 처음 쓸 때 "내게 쓸 게 뭐가 있나?"

힘들어했지만 지금은 책 30권을 써낼 수 있는 원고가 저장되어 있습니다. 나는 은금보다 지혜를 더 가치 있게 여기는데 나는 영적으로부터 부요한 사람인 것입니다.

예수님은 영이 강한 사람으로 사셨습니다. 예수님은 습관을 따라 기도하셨고 천국 복음을 전파하셨습니다. 예수님은 우리에게 성령님을 보내심으로 우리도 영이 강한 사람으로 살도록 하셨습니다. 당신도 영이 강한 사람으로 육신의 욕구를 다스려 영적인 복에 부요한 사람이 되십시오.

누가 영의 욕구를 따라 살 수 있을까요?

첫째, 오직 믿음(by Faith)에 의해서 살아야 합니다.

당신 안에 하나님이 부으신 큰 믿음이 있음을 알아야 합니다. 산을 옮길 만한 믿음이 있음을 확신하십시오. 의인은 예수 믿음으로 삽니다. 당신이 믿음으로 이 산을 향하여 "여기서 저기로 옮겨지라!" 명령하면 그대로 됩니다. 당신의 처지를 믿지 말고 당신 안에 있는 하나님의 믿음을 굳게 믿고 선포하십시오.

나는 좀 더 자기 쉬운 환경에서 "어떻게 지금 카페에서 성령님과 사랑의 교제를 나누며 귀한 깨달음을 얻었고 지금 즐겁게 책을 쓰고 있을까?" 하고 생각해 보았습니다. 나는 깨달았습니다.

"믿음이다! 믿음!"

"내 안에 있는 하나님의 믿음이 나를 이끌었네. 나를 밀어 주었네."

"오, 할렐루야!"

그렇습니다. 나의 믿음의 조상들도 다 '믿음에 의해' 살았습니다. 아브라함은 믿음으로 75세 때에 하나님의 말씀을 따라 본토 친척 아비집을 떠났고 믿음으로 이삭을 100세에 받았습니다. 요셉은 오직 믿음으로 죽음과 노예의 고난에서 자기에게 꿈을 주신 하나님을 믿고 마침내 꿈이 이루어진 복을 누렸습니다.

모세와 이스라엘 백성들은 오직 믿음으로 홍해를 건넜습니다. 다윗은 오직 믿음으로 환난 중에도 저축했고 하나님께 30조 원 이상을 드렸습니다. 자기 왕궁도 멋지게 지어 하나님이 주신 왕으로서의 복을 누렸습니다. 믿음이 강한 사람은 영이 강한 사람입니다.

어떻게 하면 영이 강한 사람으로 살 수 있을까요?

첫째, 평소에 영이 강해지는 습관으로 살면 됩니다.

나는 벼락치기 공부하듯 기도하거나 말씀 사역하지 않습니다.

매일 하고 꾸준히 하며 성실히 하며 부지런히 합니다. 오, 내 안에 계신 불같은 열정의 성령님이 나를 능하게 하신 것입니다. 다 하나인 것이며 따로따로가 아닙니다.

영의 습관은 영의 욕구를 따라 살도록 힘을 줍니다.

영의 습관의 주체는 성령 하나님이십니다. 천지 만물을 창조하신 큰 능력의 성령님. 사람의 힘으로 구원할 수 없는 죄인을 구원하신 큰 권능의 성령님이 다 해 주십니다.

나는 성령님의 은혜로 멋진 인생을 살고 있습니다. 나는 매일 영적 욕구를 따라 기도하고 말씀 사역을 합니다. 이젠 나의 행복 너머 이웃의 행복을 위해 영의 욕구를 따라 사는 것입니다. 이것이 소원의 항구가 되어야 합니다. 일을 결국은 다 하나님께로부터 나오고 그로 말미

알고 그분께 돌아가기 때문입니다.

영의 욕구와 육의 욕구를 분별하라

육의 욕구는 분명합니다.

"좀 더 자자, 좀 더 자자."
"오늘은 쉬자, 오늘은 쉬자."
"아무것도 하지 말자, 아무것도."

좀 더 잔 것이 하루를 잡아먹습니다. 하루하루가 쌓여 한 달이 됩니다. 각자에게 한 달 낭비는 엄청난 손해입니다. 운동선수에게 하루는 큰 손해입니다. 의식을 갖고 깨어서 사는 사람에게 게으른 하루는 일억짜리 지혜를 손해 본 날입니다. 그뿐만 아니라 다시 그 하루를 전처럼 회복하려면 며칠간의 에너지가 사용됩니다. 명절 후유증처럼 일상복귀에 힘이 듭니다. 여러 번 그런 육의 욕구 따라 살아 후회했고 깨달은 내가 말하는 것입니다.

좀 더 자자는 육적 욕구는 아무것도 하지 말라는 것입니다.

아무것도 하지 않으면 건강에 적신호가 옵니다. 마음의 건강, 육신의 건강에 해로운 것이죠. 아무것도 하지 말라는 말은 돈도 벌지 말고 번 돈을 관리하지 말라는 말입니다. 하루 24시간이라는 소중한 보석을 하나님께 받았는데 무가치한 시간을 보내서 죽은 사람처럼 쥐죽은

듯 살라는 속임수인 것입니다.

그렇다고 잠을 자면 안 된다는 말이 아닙니다. 잠은 푹 자십시오. 하루 7시간에서 8시간씩 푹 주무십시오. 그래야 건강합니다. 면역력이 강화되어 건강하고 지혜롭게 빛나는 생활을 합니다.

내 말은, 일어나도 될 상황인데 안 일어나는 게으름을 말하는 것입니다. 영이 강한 사람은 강한 영으로 자기 몸을 성령님의 음성을 따라 움직이게 합니다. 성령님은 일 년 365일 "두려워하지 말라"고 하지 않으십니다. 두려워하지 않고 강하고 담대한 수준이 되면 일어나 빛을 발하는 수준으로 살게 하십니다.

"육신의 생각은 사망이요 영의 생각은 생명과 평안이니라." (롬 8:6)

나는 복음 전도자로서 복음의 씨앗을 뿌리고 복음의 물을 뿌리며 열매를 추수합니다. 그 믿음의 행함 자체가 나의 복된 열매입니다. 나는 그리스도 주님 안에서 하나가 되어 영원히 착 붙어 있기에 그 믿음을 보시고 나를 통해 복된 열매가 주렁주렁 맺히게 하십니다. 다 하나님의 은혜입니다.

영의 욕구는 전심으로 하나님을 사랑한다

나는 내가 사나 죽으나 다 하나님의 것임을 압니다.
세상에 영원한 희망이 없음을 알고 오직 영생하시는 하나님께 나의 사랑을 두고 삽니다. 하나님은 사랑이시라. 하나님은 모든 사람을 사랑하십니다. 그분의 사랑은 그리스도 예수님이 이 땅에 오셔서 십자가에 처참히 매달려 죽으시고 삼일 만에 부활하셨음에 잘 나타나 있습니다. 우리는 주 예수 그리스도를 믿음으로 하나님의 사랑 안에 들어가게 됩니다.

이제는 주님이 성령님으로 의인들 안에 오셔서 함께하십니다. 성령님을 범사에 인정하고 그분을 사랑하면 그분은 세상에서 경험할 수 없는 주님이 주신 은혜의 큰 복들을 누리게 하십니다.

야곱이 많은 아들들 중에 요셉에게 채색옷을 입혀 주었듯이 성령님은 의의 옷과 성령 충만의 옷, 건강의 옷과 부요의 옷, 지혜의 옷과 가치의 옷과 능력의 채색옷을 입혀 주시는 것입니다.

영의 욕구를 따라 살 것인가? 육의 욕구를 따라 살 것인가? 이것이 문제로다!

영이 강한 사람인 나는 감정 기복이나 몸의 기복이나 환경의 기복을 뒤로 가게 했고 오직 성령님을 따라 실천합니다. 나의 주 성령님께서 기도를 인도하시면 기도합니다. 방언기도를 인도하시면 방언으로 기도합니다. 마음으로 기도하게 하시면 마음으로 기도합니다. 종이 전도지로 복음을 전하라 하시면 전합니다. 복음의 책을 쓰라 하시면 나는 순종합니다. 설교를 하라 하시면 나는 설교 준비하고 설교함으로 순종합니다.

육신에 강한 사람은 "아, 지금은 몸이 무거워서 안 돼요. 아, 지금은 환경이 좋지 않아서 안 돼요."라며 습관적 핑계를 댑니다. 육신이 강한 사람은 남 탓, 환경 탓, 몸 탓, 누구 탓, 조상 탓 등등 핑계만 대다 10년 30년을 낭비합니다.

당신은 그러지 말고 오직 성령님의 욕구를 따라 생명에 속한 신령한 복들을 쌓으며 사십시오. 성령님의 욕구를 따라 살면 즐겁게 소원성취하며 살게 됩니다. 아이처럼 영의 욕구를 따라야 하나 육의 욕구를 따라야 하나 자꾸 갈등하지 말고 오직 한마음으로 영의 욕구를 따라 살며 성령님의 사람으로 강성하시길 축복합니다.

영적인 사람으로 생을 주관하라

영적인 사람으로 생을 주관하라

당신은 지혜로운 선택을 하며 사십니까?

나는 때마다 일마다 "이것이 영적으로 이득 된 선택인가?" 하고 생각합니다. 나는 영의 사람이며 다시는 영적 수준을 낮추고 살지 않겠다고 결심했기 때문입니다.

결혼에 있어서도 영적인 수준을 낮춘다면 아무나하고 결혼할 것입니다. 나는 수준을 낮추지 않았고 하나님을 경외하는 아리따운 여인과 결혼했습니다. 나는 한 청년에게 "너는 하나님을 경외하는 사람이니 너의 배우자도 꼭 하나님을 경외하는 여자를 만나 결혼하는 게 좋단다. 왜냐하면 믿음이 없는 사람은 영적으로 죽은 사람이기 때문이야. 그래서 살다 보면 계속 영의 사람과 육의 사람이 물과 기름처럼 하나되지 못하고 계속 부딪히지."

부부가 영적으로 함께 그리스도 안에 있지 않다면 그건 물과 기름 같은 사람이 함께 사는 것과 같습니다. 그 가정은 얼마 안 가 힘든 일이 생깁니다. 나는 목회 중에 마음 아픈 간증을 들었습니다.

한 권사님이 계십니다. 그는 젊어서 남편의 멋진 모습을 보고 결혼했습니다. 그러나 수십 년 지난 자기의 삶을 돌아보면 너무나 아픈 추억이 많고 생을 낭비한 것 같아 괴롭다고 했습니다.

서로 신앙부터 맞지 않아 삶이 삐거덕거리며 서로 싸우기 일쑤였는데 이처럼 후회하는 자가 많음을 알아야 합니다. 결혼도 사업도 첫 단추를 잘 끼워야 합니다. 성경은 너희가 믿지 않는 자와 사귀지도 말고 서로 멍에를 메지 말라고 했습니다. 이미 하나님은 의인이 불행해지지 않도록 배려해서 말씀해 주신 것입니다.

오늘이라는 복도 잘 선택해야 한다

영의 사람은 오늘이라는 삶을 하나님이 주신 복된 날임을 알고 소중히 주님과 살아야 합니다. 근심은 잘하나 근신하며 살지 않는다면 오늘과 미래가 손실을 입습니다. 영적인 사람은 자기가 머물 장소도 지혜롭게 선택해야 합니다.

주님과 자유롭게 교제하며 최상의 컨디션을 유지할 수 있는 곳에 머물게 함이 유익합니다. 나는 오전 시간에는 나의 몸이 최상으로 즐거워하며 성령님과 사랑을 나눌 수 있는 쾌적한 장소로 갑니다. 거기서 나는 성령님과 함께 쉬고 책 보며 책을 씁니다. 하나하나의 깨달음을 얻을 때 그 기쁨은 매우 큽니다.

오늘 성령님은 내게 귀한 음성을 들려주셨습니다.

그 소중한 음성은 "아들아, 은혜의 복음 수준을 유지하라."였습니다. 나는 "아멘, 아멘." 했습니다. 내겐 성령님의 음성 한마디가 최고의 깨달음이지요. 나는 그 음성을 천억보다 귀하게 여깁니다.

영적인 사람은 은혜와 복음의 사람입니다. 최고 영적 수준은 은혜의 복음에 거하는 것입니다. 복음이신 그리스도를 온 인격으로 믿는 믿음인 것입니다. 은혜의 복음은 의인이 최고 영적 수준에서 살게 큰 능력을 줍니다. 고로 은혜의 복음, 곧 우리 주 그리스도만 바라본다면 그는 최고 수준의 영적 사람으로 사는 것입니다.

먼저 영의 생각이 가득하도록 마음을 위하라

그리스도가 당신을 영의 사람답게 살도록 도우십니다.

나는 주님을 믿음으로 영혼과 마음과 몸과 생활을 주도해 갑니다. 하지만 세상 염려로 마음이 낙심되면 영이고 뭐고 그냥 생활하게 됩니다. "맞아, 내가 뭘 할 수 있다고. 내 소원들은 다 헛된 거야." 이렇게 불신의 말을 하게 됩니다. 불신의 말은 원망하는 말 같아서 성령님의 마음을 아프게 합니다.

몸을 위하기 전에 먼저 마음을 위해야 함을 명심해야 합니다.

마음보다 먼저 자기 영혼을 강하게 함이 중요하다는 사실을 기억해야 합니다. 어떻게 하면 영의 사람으로 살 수 있을까요?

첫째, 현실의 염려를 다 주님께 맡겨야 합니다.

예수님을 믿는 자가 다 맡길 수 있습니다. 염려되는 일은 주님께 맡기고 죄짓지 말아야 합니다. 그리하면 영이 가볍게 되어 더욱 주님 얼굴을 보게 됩니다. 왜 맡겨야 할까요? 성령님이 당신과 나를 돌보고 계시기 때문입니다.

예수 믿음이 없던 가정에서 나를 아브라함처럼 불러내서 복을 주신 하나님. 여러 교회를 다니면서 나를 하나님의 종으로 훈련하셨던 성령님. 하나님을 경외하는 아내를 주신 성령님. 내가 바라던 대로 아들을 주신 성령님. 어려운 시기에 돈을 공급하시며 인도하신 성령님. 복음 전도자인 나를 작가와 강연가와 사업가와 자산가로 새롭게 하신 성령님. 누가 흔들어도 흔들리지 않는 견고한 의인으로 세우신 나의 성령님. 그 성령님이 당신을 돌보고 계시니까 당신은 염려를 주님께 맡기면 되는 것입니다.

둘째, 근신하고 깨어 있어야 합니다.

하나님이 우리에게 주신 마음은 염려하는 마음이 아니요, 오직 근신하는 마음임을 기억해야 합니다. 근신은 '통제력, 절제력, 자기를 경영하는 능력'을 말합니다. 당신의 영혼을 통제하십시오. 당신의 마음과 몸을 통제하십시오. 당신의 생활을 통제하십시오.

나는 내 안에 살아 계신 크신 주를 항상 의지하여 항상 깨어 살고 있습니다. 당신도 물 위를 담대하게 걸었던 베드로처럼 항상 주를 보십시오. 항상 깨어 살게 될 것입니다.

셋째, 원수는 대적하며 살기로 결단해야 합니다.

나는 예수 이름으로 원수 마귀를 대적하며 살고 있습니다.

예전에는 몸에 뾰루지 같은 게 나면 약만 바르고 말았는데 지금은 몸에 작은 뾰루지와 현상 하나도 "내가 나사렛 예수 이름으로 명하노니 더러운 질병아 내게서 사라져라!" 하고 명령합니다. 결국 없어졌고 몸이 깨끗해졌습니다. 내가 영적인 사람으로 행복하게 살지 못하도록 음해하는 어둠을 향해 명령합니다. '내가 나사렛 예수 이름으로 명하노니, 더럽고 추한 것들은 다 사라져라. 내게서, 내 삶에서 사라져라!' 거짓말쟁이 사탄은 우는 사자가 아니고 우는 사자 같은 가짜 사자임을 잘 인지해야 합니다. 그럼 진짜 사자는 누굴까요? 바로 유다 지파 사자이신 그리스도 예수이십니다. 당신은 귀신들도 믿고 떠는 크신 그리스도만 경외하십시오.

넷째, 고난도 당신에게 유익됨을 믿어야 합니다.

나는 고난이 오면 즉시 마음을 강하게 하고 담대하게 합니다. 내 영이 고난에 무릎 꿇거나 흔들리지 않도록 주님과 교통합니다. 그 교통 속에서 받는 성령님의 감동과 말씀과 언약이 나를 지켜줌을 잘 알기 때문입니다. 성령님은 용기가 필요할 때마다 "강하고 담대하라!"라고 힘을 주십니다. 성령님은 하나님 자녀들이 겪는 고난도 다 합력해서 좋은 결과로 갖게 하십니다. 고난이 있거나 기쁨이 있거나 오직 성령님만이 당신을 보호하고 계심을 굳게 믿으십시오. 지나고 보면 아름다운 추억으로 보일 것입니다.

"너희 염려를 다 주께 맡기라. 이는 그가 너희를 돌보심이라. 근신하라. 깨어라. 너희 대적 마귀가 우는 사자같이 두루 다니며 삼킬 자를 찾나니 너희는 믿음을 굳건하게 하여 그를 대적하라. 이는 세상에 있는 너희 형제들도 동일한 고난을 당하는 줄을 앎이라. 모든 은혜의 하나님 곧 그리스도 안에서 너희를 부르사 자기의 영원한 영광에 들어가게 하신 이가 잠깐 고난을 당한 너희를 친히 온전하게 하시며 굳건하게 하시며 강하게 하시며 터를 견고하게 하시리라." (벧전 5:7~10)

영적인 영역을 소중히 지키라

당신은 영적인 영역을 잘 지키며 사십니까?

나는 나의 영적인 영역을 소중히 여기며 가꿉니다. 나는 내게 주신 모든 것에 만족하며 감사합니다. 주께 받은 영역이 귀한 줄 알고 잘 가꾸는 것이 자기 영역을 훌륭히 지키며 사는 것입니다.

하나님이 각자에게 주신 구역이 있습니다. 어느 구역이 제일 아름다울까요? 첫째, 하나님이 주신 것은 다 아름답습니다. 둘째, 하나님이 내게 주신 것은 크나 작으나 상관없이 내게 다 아름다운 구역입니다. 그게 소중한 것임을 깨닫고 그걸 잘 가꾸는 자가 아름다운 하나님의 사람입니다.

"내게 줄로 재어 준 구역은 아름다운 곳에 있음이여 나의 기업이 실로 아름답도다." (시 16:6)

여기서 '구역'은 헤벨(חֶבֶל)입니다. 뜻은 '줄, 영토, 기름진 땅, 선물, 기업'입니다. 나는 하나님이 내게 소원성취로 주신 기업들에 만족하며 즐겁게 그 구역들을 가꾸고 있습니다.

'나는 내게 줄로 재어 주신 교회를 소중히 여깁니다.'
'나는 내게 줄로 재어 주신 은혜의 복음을 소중히 여깁니다.'
'나는 내게 줄로 재어 주신 복음 작가 신분을 소중히 여깁니다.'
'나는 내게 줄로 재어 주신 출판 사업을 소중히 여깁니다.'
'나는 내게 줄로 재어 주신 가정을 소중히 여깁니다.'

당신이 현재 받은 구역은 어디이며 무엇입니까? 그 기업을 어떻게 여기고 있습니까? 하나님은 하나님에게서 받은 작은 것이나 큰 것을 소중히 여기며 가꾸는 자를 기뻐하십니다. 받은 것에 충성하는 자를 칭찬하시며 더 큰 복을 덤으로 주십니다.

하나님께서 소원성취로 당신에게 주신 영역들을 즐겁게 경영하여 백 배, 천 배의 복을 누리시길 축원합니다.

할렐루야!

소원성취하며 즐겁고 부^(富)하게 사는 비결

지 은 이 이화수

1판 1쇄 발행 2020년 6월 15일

저작권자 이화수

발 행 처 성공미디어
발 행 인 이화수
편　　집 홍새솔
주　　소 경기도 부천시 조종로 36번길 20
I S B N 979-11-6440-153-6

출판등록 2019. 5. 28. (제2019-000035호)
이 메 일 joa4742@hanmail.net

이 도서의 국립중앙도서관 출판예정도서목록(CIP)은 서지정보유통지원시스템 홈페이지(http://seoji.nl.go.kr)와
국가자료종합목록 구축시스템(http://kolis-net.nl.go.kr)에서 이용하실 수 있습니다. (CIP제어번호 : CIP2020022323)